# Bußgottesdienste

# Konkrete Liturgie

Monika Maßmann (Hg.)

# Bußgottesdienste

Versöhnung feiern im Kirchenjahr

Mit Bildmeditationen
von Werner Eizinger

Verlag Friedrich Pustet
Regensburg

Bibliografische Information Der Deutschen Bibliothek
Die Deutsche Bibliothek verzeichnet diese Publikation
in der Deutschen Nationalbibliografie;
detaillierte bibliografische Daten sind im Internet über
http://dnb.ddb.de abrufbar.

www.pustet.de
**www.liturgie-konkret.de**

ISBN 3-7917-1991-2
© 2006 by Verlag Friedrich Pustet, Regensburg
Umschlaggestaltung: Martin Veicht, Regensburg
Satz und Layout: MedienBüro Monika Fuchs, Hildesheim
Druck und Bindung: Friedrich Pustet, Regensburg
Printed in Germany 2006

# Inhaltsverzeichnis

Vorwort _____ 7

    Guido Fuchs
So ist Versöhnung?! _____ 9
    Zur Gestaltung und Erfahrung eines „Lebensvollzugs der Kirche"

## Versöhnung feiern im Kirchenjahr

Mauern _____ 19
    Advent

Ruine _____ 26
    Advent

Verband _____ 33
    (Kommunion-)Kinder und Eltern

Schlüssel _____ 39
    Während des Jahres

Wurzeln _____ 46
    Während des Jahres

Flaschen _____ 52
    Während des Jahres

Kerze _____ *2007 verwendet* _____ 58
    Jugendliche (Firmung) / Gruppengottesdienst

Stundenglas _____ 65
    Während des Jahres

**Scherbenhaufen** _____ A 2006 __ 71
    ADVENT

**Umleitung – Sackgasse** _____ 78
    FASTENZEIT

**Kran** _____ 84
    JUGENDLICHE (FIRMUNG)

**Hände** _____ 91
    (KOMMUNION-)KINDER UND ELTERN

**Feuer** _____ 98
    FIRMUNG

**Sand** _____ 105
    WÄHREND DES JAHRES

**Tisch** _____ 111
    WÄHREND DES JAHRES

**Wüste** _____ 118
    FASTENZEIT

**Weg** _____ F 2007 _ 126
    FASTENZEIT

**Anhang** _____ 133
    DEIN WORT IST WIE EIN REGEN    135
    HASCHINVENU    135
    HERR, UNSER HERRSCHER, WIE HERRLICH BIST DU    136
    FEUER AUF DIE ERDE    136
    SEIN IST DIE ZEIT    137
    MIT MEINEM GOTT KANN ICH WÄLLE ZERSCHLAGEN    138
    NIMM DU MICH, HEILIGER ATEM    139
    EINGEROLLT UND AUSGEDÖRRT – LIED DER WÜSTENROSE    140
    SAG JA ZU DIR, SO WIE DU BIST    141
    HERR, WIE EIN BAUM    142
    SINGE VOR FREUDE    143

    BILD- UND AUTORENVERZEICHNIS    144

# Vorwort

*„Man kann das Leben nur rückwärts verstehen –
aber leben muss man es vorwärts."*   Sören Kierkegaard

Hin und wieder brauchen wir im Leben Ruhepunkte, an denen wir zurück blicken auf das, was in unserem Leben schon war, an denen wir Deutungen unseres Lebensweges wagen. Manches, so werden wir erkennen, ist eigentlich ganz gut gelaufen, manches würden wir anders machen, manches ist, auch durch eigenes Versagen, gründlich schief gegangen. Doch dann müssen wir die Blickrichtung ändern, dürfen nicht in der Vergangenheit stecken bleiben, müssen aus der Vergangenheit für die Zukunft lernen, um die noch vor uns liegende Zeit zu meistern.

Für Christen sind solche Lebensrückblicke Gelegenheiten sich zu fragen, wo man die Spuren Gottes im eigenen Leben findet, ob man sein Leben überhaupt unter die Führung Gottes gestellt hat, ob man die eigene Zukunft in seiner Verheißung sieht. Solche Gelegenheiten sind auch Bußgottesdienste – dabei liegt der Schwerpunkt gar nicht so sehr bei „Reue und Zerknirschung", sondern vielmehr auf Gottes Zusage: „Ich will euch Zukunft und Hoffnung geben!" Bußgottesdienste können helfen, das Verhältnis zu Gott, zu sich selbst und zu den Mitmenschen neu in den Blick zu bekommen, die eigene Praxis zu überdenken, umzukehren und sich durch die Versöhnung mit Gott und seinen Zuspruch neue Perspektiven für das Leben zu schaffen. Das Angebot Gottes, alle Schuld der Vergangenheit fort zu nehmen, entlastet und kann neue Kraft für die Zukunft geben.

Die Bußgottesdienste des vorliegenden Buches versuchen, diesen Aspekt von Schuld, Vergebung und Versöhnung zum Ausdruck zu bringen. Prinzipiell können sie zu allen Zeiten des Jahres in der Gemeinde/Gruppe/Gemeinschaft gefeiert werden, einige sind durch die Auswahl von Lesungen, Texten und Liedern besonders für die Advents- bzw. Fastenzeit geeignet. Andere richten sich verstärkt an (Erstkommunion-)Kinder und Eltern bzw. Jugendliche (Firmung).

Neben den üblichen Elementen gibt es vor allem zwei Besonderheiten: In jedem Bußgottesdienst gibt es eine Meditation zu Objekten, Gegenständen oder Situationen aus dem Alltag, die man auf unterschiedliche Weise zur Darstellung bringen kann: Entweder man verwendet ein Bild, das alle sehen können (mit Diaprojektor, Leuchttafel, Plakat, Beamer o. ä.) oder gibt jedem ein Bild in die Hand (Postkarte, Fotokopie etc.). Die in diesem Buch enthaltenen Bilder dienen als Beispiele, die meisten der Motive lassen sich in Medienstellen ausleihen, man kann sie auch selber fotografieren oder an sonstigen Stellen finden (Bücher, Postkarten). Wichtig ist nur, dass der Text der Meditation auch passt, d. h. eventuell müsste die Meditation an vom Bild abweichenden Stellen angepasst werden. Eine andere Möglichkeit wäre, die Zuhörer/innen aufzufordern, die Bilder mit dem „inneren Auge" zu sehen (Augen schließen, sich bei der Meditation den Gegenstand allmählich vorstellen). Bei manchen der verwendeten Symbole bietet es sich auch an, diese real zu präsentieren (Tisch aufstellen, Kerze, Schlüssel etc.).

Eine zweite Besonderheit stellt die Verkündigung des Wortes Gottes dar, die an zwei Stellen erfolgt: Zuerst nach dem Eröffnungsteil im Wortgottesdienst und dann im Zusammenhang der Vergebungszusage. Dadurch wird die zweifache Funktion dieses Wortes Gottes sichtbar: In seinem Licht lässt sich das eigene Leben und die Situation, in der man sich befindet, betrachten. Zugleich hat es auch die Bedeutung der Zusage Gottes, es ist sein Ja und Amen zu uns. Deshalb wird es auch im Zusammenhang der Vergebung verkündet. Diese ist nicht als Bitte, sondern als Zusage formuliert. Der allmächtige Gott hat sich unser ja bereits erbarmt in der Menschwerdung seines Sohnes.

Bei den Impulsfragen kann je nach Situation und Gemeinde ausgewählt werden. Wichtig ist die Stille zwischen den einzelnen Fragen. Die Texte sollten entsprechend ihrer Art zwischen Gottesdienstleiter (GDL) und Sprecher/innen aufgeteilt werden.

An dieser Stelle möchte ich all denen danken, die mir bei der Erstellung des Buches mit Rat und Tat zur Seite standen, besonders erwähnt sei Werner Eizinger, von dem die Meditationen stammen.

Hildesheim, im Advent 2005

*Monika Maßmann*

# So ist Versöhnung?!
## Zur Gestaltung und Erfahrung eines „Lebensvollzugs der Kirche"

Auf dem großflächigen Werbeplakat einer Zigarettenfirma war vor einigen Jahren eine junge Frau abgebildet, selbstbewusst zum Betrachter gewendet: „Ich mich entschuldigen? Niemals!" Was diese Botschaft mit Zigaretten zu tun haben sollte, erschloss sich mir damals nicht, doch das Wort schien dem Zeitgeist durchaus entsprechend gewählt, nach dem es derzeit eher „in" ist, sich in Talkshows oder fiktiven Gerichtssendungen verbal zu attackieren: „Mein Ex ist ein Schwein!" Angesichts der lärmenden Lust an gegenseitiger Beschimpfung mag es manchen vielleicht auch nicht wundern, dass die Versöhnungsfeiern der Kirchen keinen großen Zulauf haben. Vor allem das Sakrament der Buße ist längst zu einem „Winkelsakrament" geworden, das ja schon räumlich oft einem Ort in der Kirche zugeordnet wird, der eher einer Abstellkammer denn einem Raum für eine Feier gleicht. Dabei müsste das Sakrament der Versöhnung in unserer Liturgie im Zentrum stehen, denn Versöhnung ist *das* große Thema der Botschaft Jesu wie auch der Liturgie. Es geht um die Versöhnung zwischen Mensch und Gott, um die Rückführung des Menschen zum Vater („Kehrt um"), um die Hinkehr des Vaters zum Menschen, wie es eindrucksvoll im Gleichnis vom barmherzigen Vater (Lk 15,11–32) beschrieben ist – um Begegnung also, wie Liturgie ja überhaupt Begegnung ist zwischen Gott und Mensch.

*Versöhnung als Thema der Botschaft Jesu*
Diese Versöhnung predigte Jesus nicht nur durch die Verkündigung der Nähe des Himmelreiches, sondern praktizierte sie durch die Vergebung der Sünden, durch die Rückführung der Menschen zu einem Leben mit Gott. Zur Vergebung der Sünden hat er auch seinen Tod am Kreuz verstanden und im Abendmahlssaal angekündigt. Vom Hebräerbrief wird dieses Kreuzesopfer Christi konsequent in der Linie des jüdischen Versöhnungsfestes gesehen, wobei von nun an keine immer wieder neu zu verrichtenden Opfer nötig sind, weil die Hingabe Christi diese Versöhnung zwischen

Gott und Mensch ein für allemal gebracht hat (Hebr 8–10). Versöhnung lässt sich verstehen als Ausdruck des Wieder-gemeinsam-Gehens Gottes mit dem Menschen, als Zurückfinden zu einem einstmaligen Zustand. Sünde ist demnach ein sich Ab*sondern* von diesem gemeinsamen Weg; das alte Wort „*Sund*" für einen Meeresgraben bzw. eine Meeresstraße weist noch auf dieses Verständnis hin.

*Versöhnung als Inhalt der Liturgie*
Versöhnung zwischen Gott und den Menschen, Zusammenführung ist ein „Lebensvollzug der Kirche", wie es im Ritualefaszikel „Die Feier der Buße" heißt,[1] und so auch *das* große Thema der Liturgie. In der Eucharistie durchzieht der Gedanke der Versöhnung die Feier von Anfang bis zum Ende: Im Bußakt bekennen wir vor Gott und einander, dass wir gesündigt haben, und erhoffen uns das erneute Heil von Gott; im Gloria singen wir, dass das Lamm Gottes, das die Sünde der Welt hinwegnimmt, sich unser erbarmen möge. Nach der Verkündigung des Evangeliums spricht der Diakon oder Priester leise: „Herr, durch dein Evangelium nimm hinweg unsere Sünde" und bezieht sich damit deutlich auf die versöhnende Kraft der Botschaft Christi. Die Händewaschung bei der Gabenbereitung wird durch die Worte gedeutet, dass die Schuld abgewaschen werden möge. Im Hochgebet (I) bittet der Priester, dass Gott „versöhnt" auf die Gaben blicken möge und sie annehme wie die Opfer Abels und anderer; explizit wird auch im Vaterunser um Vergebung der Schuld gebetet, was sich dann im Friedensgebet und -gruß fortsetzt. Hier soll freilich deutlich werden, dass die Versöhnung mit Gott (Friedenswunsch) der Versöhnung der Menschen untereinander vorausgeht (Friedensgestus). Die Brechung des Brotes wird im Begleitgesang des „Agnus Dei" auf den Aspekt der Hingabe Christi zur Vergebung der Sünden gedeutet. Mit den gleichen Worten wird zur Kommunion eingeladen, nachdem der Priester in einem stillen Gebet vor der Kommunion ebenfalls darum bittet, von allen Sünden erlöst zu werden. Im byzantinischen Ritus wird durch die Spendeformel noch deutlicher, dass die Kommunion zur „Vergebung der Sünden und zum ewigen Leben" gespendet wird.

*In den Sakramentenfeiern*
Außer im Bußsakrament selbst begegnet der Aspekt der Versöhnung vor allem in der Taufe. Hier werden die Getauften durch die Wiedergeburt aus Wasser und dem Heiligen Geist in den Stand der Kindschaft Gottes und der Miterben Christi gesetzt. Das Wasser hat auch den Aspekt der Reinigung der Schuld; schließlich soll der Taufe die bewusste Hinwendung zu Gott im Glauben vorangehen. (Von diesem Zusammenhang zwischen Taufe und Buße her erscheint auch die Ersetzung des Bußaktes der Messe an Sonntagen durch das Taufgedächtnis sehr sinnvoll.)

Die innere theologische Verbindung zwischen Taufe und Buße, die in der zentralen Bedeutung der Versöhnung der Menschen mit Gott durch Tod und Auferstehung Christi liegt, lässt die Buße gewissermaßen als zweite Taufe erscheinen, und tatsächlich wurde sie auch so verstanden. Und umgekehrt: Augustinus nennt in einer Predigt, in der er den Sinn der Buße darlegt, die Taufe eine erste Buße, wodurch der neue Mensch geformt und alle früheren Sünden ausgelöscht würden (als zweite Form nennt er die tägliche Übung der bittenden Demut, als dritte Form die offizielle Form der kirchlichen Bußpraxis, die allerdings sehr schwer ist).[2]

Schließlich geschieht Versöhnung auch in der Krankensalbung: „Der Herr, der dich von Sünden befreit, rette dich, in seiner Gnade richte er dich auf."

*Auch im Jahr und am Tag*
Natürlich denkt man, wenn man Buße hört, zunächst an die „Österliche Bußzeit" – in ihr wird dieses Motiv breit entfaltet und am Aschermittwoch im Zeichen der Asche sogar rituell vollzogen. Doch das Thema der Versöhnung reicht weit über sie hinaus, durchzieht das ganze Jahr. Im Exsultet der Osternacht besingt der Diakon die Nacht, „die Himmel und Erde versöhnt, die Gott und Menschen verbindet", und benennt damit den Urgrund dieser Verbindung: Tod und Auferstehung Christi. Auch im Weihnachtsfestkreis tritt dieser Gedanke häufig auf; die Wiederherstellung des gefallenen Menschen beginnt bereits mit der Geburt des Gottmenschen. In Jesus Christus hat sich das Himmlische mit dem Irdischen vereint. Zum Gesang der Engel „Ehre sei Gott in der Höhe und auf Erden Friede und den Menschen ein Wohlgefallen" schrieb der heilige Johannes Chrysostomus: „Was heißt ‚Wohlgefallen'? Versöhnung. Der Himmel ist durch keine Zwischenwand mehr getrennt."[3] Dem-

entsprechend wird in den weihnachtlichen Texten der Tagzeitenliturgie, aber auch in den Kirchenliedern wiederholt davon gesprochen, dass wir wieder Zugang zu Gott haben, also mit ihm versöhnt sind: „Heut schließt er wieder auf die Tür …".[4]
Auch in der Tagzeitenliturgie wird Versöhnung thematisiert, wenn zu Beginn der Komplet eine Gewissenserforschung mit Schuldbekenntnis und Vergebungsbitte steht. Im Benedictus der Laudes heißt es über den Täufer Johannes, dass er das Volk mit der „Erfahrung des Heils beschenken" wird, „in der Vergebung der Sünden".

Es ist geradezu ermüdend, alle die Gelegenheiten in der Liturgie aufzuzählen, bei denen „Versöhnung" ausgesprochen und vollzogen wird. So sehr ist dies Inhalt der Botschaft Christi und der Feiern des Christseins, dass man – in Abwandlung eines häufiger zitierten Wortes von Franz Mußner zum christlichen Mahlhalten[5] – sagen möchte: „Christsein heißt sich versöhnen." Sich versöhnen mit Gott und untereinander. Umso erschreckender aber erscheint es, dass diese große Idee so selten eine wirklich erlebbare Entsprechung in der liturgischen Feier hat.

*Angemessen zur Sprache bringen*
In einem Lied wird die Versöhnung mit einem „Fest nach langer Trauer" verglichen, mit einem „Ich-mag-dich-trotzdem-Kuss", einem strahlenden Gesicht, dem Morgen, dem Frühling und mit vielen anderen schönen und beglückenden Erlebnissen. Und im Refrain heißt es dann: „So ist Versöhnung. So ist Vergeben und Verzeihn." Das Überschwängliche solchen Versöhnens erlebt man bei uns in der Liturgie allenfalls beim Friedensgruß in manchen Gruppengottesdiensten, kaum aber bei anderen Gelegenheiten in der Liturgie und auch nicht bei der Feier der Buße. Wie lässt sich Versöhnung so gestalten, dass ihre Kraft und Bedeutung, ja vielleicht sogar Beglückung, auch erfahren wird?

Zunächst einmal ist es heute wichtig, die eigentliche Bedeutung der Buße und Versöhnung zu thematisieren und zu erschließen, um sie damit aus der Ecke zu holen, in der sie möglicherweise steht. Es kommt also nicht darauf an, sich bei der Buße „in der Aufzählung von einzelnen Fehlhandlungen zu verlieren; vielmehr geht es darum, … in die oft so verschlungenen Labyrinthe des eigenen Wesens einzudringen und Klarheit über das eigene Wesen zu gewinnen", wie es Heinrich Bacht ausgedrückt hat.[6] Versöhnung zielt nicht so sehr auf Vergangenes, sondern auf Zukunft.

Dazu bedarf es freilich eines sensiblen Umgangs mit den Begriffen. Die Konfrontation mit „Schuld", mit „Versagen" gleich zu Beginn der Messfeier schafft eher eine Distanz denn Verständnis. Auch wirkt die Einführung in den „Bußakt" oftmals routiniert und schablonenhaft: „… das bereuen wir zutiefst und so sprechen wir das Schuldbekenntnis." Nicht zuletzt steht diese Situation ja auch hinter den Überlegungen, den Bußakt der Messfeier zu verschieben und zusammen mit dem Friedensgruß zu einem Ritus nach der Wortverkündigung zu machen,[7] wie dies ansatzweise in der „Wort-Gottes-Feier"[8] geschehen ist. Vielleicht ist es bisweilen besser, etwa so zu sprechen: „Wir wollen uns darauf besinnen, was zwischen uns und Gott steht, dem wir nun begegnen wollen, und was uns von unseren Schwestern und Brüdern trennt, mit denen wir gemeinsam der Leib Christi sind. – *Stille* – Ich bekenne …"

Manche der genannten Versöhnungsmomente im Verlauf der Messe waren den Gläubigen früher durch das Mitlesen im „Schott" womöglich bewusster, als sie es heute sind; von daher empfiehlt es sich, bisweilen die stillen Worte wie etwa nach dem Evangelium oder zur Händewaschung laut zu sprechen, damit sie von allen gehört werden können.

Auch im Zusammenhang der Kommunion kann – gerade vor dem Hintergrund einer Bewusstmachung eucharistischer Frömmigkeit – die versöhnende Kraft der Eucharistie angesprochen werden. Ohne dem Einzelnen das Bewusstsein dafür abzusprechen, wird doch beklagt, wie selbstverständlich die Gläubigen heute zur Kommunion gehen. Die rechte Disposition auf die Begegnung mit Christus erscheint ebenso wichtig wie das Bewusstsein für die Wirkung der Eucharistie. Der byzantinische Ritus kennt Gebete zur Vorbereitung auf die Kommunion, die bisweilen (von allen) laut gesprochen werden:

„Ich glaube, Herr, und bekenne: Du bist Christus, der Sohn des lebendigen Gottes, der in die Welt gekommen ist, die Sünder zu retten, von denen ich selbst der erste bin. Ich glaube auch, dass dies dein makelloser Leib ist und dies dein kostbares Blut. Darum bitte ich dich, erbarme dich meiner, verzeihe mir meine Verfehlungen, die ich aus Bosheit oder Schwäche begangen habe in Worten und Werk, bewusst oder unbewusst. Mach mich würdig, mit reinem Gewissen an deinen allreinen Geheimnissen teilzunehmen zur Vergebung meiner Sünden und zum ewigen Leben."[9]

Ähnliche Gebete stehen im Messbuch und im Gotteslob. Auf sie kann man hinweisen oder, besser noch, sie regelmäßig gemeinsam sprechen.[10]

*Bei der Feier der Versöhnung*
Um die Feier der Versöhnung gerade auch in ihrem sakramentalen Vollzug recht als Feier erleben zu können, bedarf es eigentlich des Rahmens der Gemeinschaft, weshalb die „Gemeinschaftliche Feier mit Bekenntnis und Lossprechung der Einzelnen" öfter angeboten werden sollte. Nicht zuletzt können ja auch Bußgottesdienste wie in vorliegendem Buch die Grundlage zu solchen Feiern bieten. Besondere Gottesdienste wie eine „Nacht der Versöhnung" können bei Jugendlichen zu einem besseren Erleben führen.

Ebenfalls wichtig für das Erleben einer „Feier" ist auch der Raum. Immer wieder wird daher auf die Einrichtung eines Zimmers oder größeren Raumes verwiesen, in dem ein Gespräch auch mit der Möglichkeit verschiedener Haltungen (Sitzen, Knien) stattfinden kann[11] – und in dem vor allem die Geste der Handauflegung, ursprünglich wesentliches Zeichen der Rekonziliation und der Wirkung des Tröster-Geistes, wirklich spürbar ist.[12]

Auch das Wort Gottes bedarf angemessener Berücksichtigung und sollte nicht auf einen kurzen Vers reduziert werden. Es hat ja auch eine befreiende Bedeutung: Gottes Wort soll weniger die zurückliegende Schuld beleuchten als vielmehr einen Weg nach vorn weisen, wie Leben in Versöhnung mit Gott und den Menschen gelingen kann. Daher finden sich in vorliegendem Buch auch jeweils zwei Schriftworte innerhalb eines Gottesdienstes: das erste ist eine Lesung, in deren Licht wir uns und unser Verhältnis zu Gott und einander betrachten; das zweite ist ein Wort des Zuspruchs Gottes, der uns in Jesus Christus ja bereits mit sich versöhnt hat.

*Ein Fest feiern*
Im Zusammenhang der sakramentalen Bußfeiern sowie der Bußgottesdienste steht ein Aspekt, der einem zunächst nicht in den Sinn kommt, aber doch ganz biblisch ist: das Essen und Trinken. Der Theologe Winfried Glade schlägt regelmäßige Bußgottesdienste in den Gemeinden vor, die anstelle der Freudlosigkeit und Zerknirschung, die sie ja doch noch häufig prägen, die Freude der Versöhnung vermitteln sollen. Als „Utopie" denkt er sich, dass am Ende des Bußgottesdienstes ein Glas Wein ausgeschenkt werden könnte

und sich der Gottesdienst verlängert in ein fröhliches Beisammensein. „Analog denke ich an ein festliches Mahl in einer Familie, die an einem Bußgottesdienst teilgenommen hat oder zum Beichten war."[13]

Im Zusammenhang der bei der Buße und Versöhnung erlebten Gemeinschaft kann auch auf die so genannten „Familienkonferenzen" hingewiesen werden, bei denen etwa am Samstagnachmittag oder -abend Kinder und Eltern gemeinsam darüber sprechen, was sie in der vergangenen Zeit voneinander getrennt hat und wo gemeinsam Wege der Erneuerung gesucht werden. Auch eine solche Form, in der Versöhnung geschieht und erlebt wird, kann in ein festliches oder doch zumindest fröhliches Essen münden. Deutlich soll dabei werden, was auch im Gleichnis vom barmherzigen Vater eine Rolle spielt: „Aber jetzt müssen wir uns doch freuen und ein Fest feiern; denn dein Bruder war tot und lebt wieder; er war verloren und ist wiedergefunden worden" (Lk 15,32).

Der frühere Linzer Pastoraltheologe Wilhelm Zauner bemerkte zurecht: „Manchmal frage ich mich, ob nicht das Bußsakrament auch deshalb von vielen so ungern gefeiert wird, weil es mit keinem Essen verbunden ist. Bei keinem anderen Sakrament ist das der Fall ... Wird auch deshalb weniger gebeichtet? Wie können Menschen versöhnt miteinander leben, wenn sie nicht miteinander essen und trinken?"[14]

*So ist Versöhnung*

„Wie ein Fest nach langer Trauer, wie ein Feuer in der Nacht, off'nes Tor in einer Mauer, für die Sonne aufgemacht ... so ist Versöhnung, so ist Vergeben und Verzeihn." Vielleicht können diese Überlegungen helfen, dass dies auch für die „Feier der Versöhnung" im kirchlichen Bereich gilt. Sie hat dort eine Chance, ihre Kraft zu entfalten, wo sie als Wegweisung in die Zukunft und nicht als Verurteilung von Vergangenem erlebt wird. Die Feier der Versöhnung sollte dem Menschen die Möglichkeit zur Reflexion und Revision geben, eine Ahnung davon, wie es ist, den Weg gemeinsam mit Gott zu gehen. Sie kann so zu einer Feier werden, die Freude macht.[15]

*Guido Fuchs*

## Anmerkungen

1. Die Feier der Buße. Studienausgabe, Freiburg i. Br. 1974, Pastorale Einführung II (S. 11).
2. Augustinus, Serm. 251 u. 253.
3. Joh. Chrysostomus, Homilie zum Kolosserbrief 8,4.
4. Vgl. dazu Guido Fuchs, Österliches Mysterium im Weihnachtsfestkreis, in: Liturgisches Jahrbuch 37 (1987), 195–207.
5. „… das Wesen des Christseins ist *synesthiein* (miteinander essen)" – Franz Mußner, Der Galaterbrief, Freiburg i. Br. 1974, 423.
6. Heinrich Bacht, Erneuerung durch Rückkehr zu den Ursprüngen. Überlegungen zur heutigen Beichtkrise, in: K. Baumgartner (Hg.), Erfahrungen mit dem Bußsakrament 2, München 1979, 166–184.
7. Vgl. Andreas Heinz, Ein anderer Ort für den Bußritus. Überlegungen zum Eröffnungsteil des Ordo Missae, in: Liturgisches Jahrbuch 40 (1990), 109–119.
8. Wort-Gottes-Feier. Werkbuch für die Sonn- und Festtage, Trier 2004.
9. Neophytos Edelby, Liturgikon. „Messbuch" der byzantinischen Kirche, Recklinghausen 1967, 470f.
10. Viele Vorbereitungsgebete auf die Kommunion enthält das Buch von Michael Kunzler, Mess-Elemente. Einführungen, Kyrierufe, Fürbitten und Kommuniongebete für die Meßfeier an den Sonn- und Feiertagen der Lesejahre A, B und C sowie an den Hochfesten und Festen des Herrn und der Heiligen im Herrenjahr, Paderborn 2004.
11. Vgl. Franz Kohlschein, Ein würdiger Ort für Buße und Versöhnung, in: Gottesdienst 21 (1987), 172.
12. Guido Fuchs, „Heile du …". Ausdrucksformen des Heiligen Geistes im Gottesdienst der Kirche, in: Gottesdienst 32 (1998), 86.
13. Winfried Glade, Versöhnung in der Gemeinde. Ein Beitrag zur Diskussion, in: M. Klöckener / W. Glade (Hgg.), Die Feier der Sakramente in der Gemeinde, Kevelaer 1986, 242–248.
14. Nach Glade (wie Anm. 13).
15. Vgl. dazu auch Dieter Broxtermann, Ein Fest der Versöhnung und Umkehr. Ein Sakrament, das Freude macht, in: Gottesdienst 32 (1998), 1–3.

# Versöhnung feiern
# im Kirchenjahr

# Mauern
## Advent

Foto: Monika Fuchs

**Lied** GL 105 (O Heiland, reiß die Himmel auf) *oder* Herr, deine Liebe (*bes. Str. 3* – Liederbücher)

**Begrüßung** Der Herr, der in die Welt gekommen ist, um uns von unserer Schuld zu erlösen – er sei mit euch (er ist mit uns, heute und in Ewigkeit)!

**Einführung** Wir sind heute zusammengekommen, um in der für viele oft hektischen Adventszeit einmal innezuhalten. Auf dem Weg Weihnachten entgegen machen wir gewissermaßen Station, um in uns zu gehen und um uns Gedanken darüber zu machen, ob wir überhaupt auf dem richtigen Weg zu Gott sind. Und um uns zu fragen, wo auf diesem Weg wir unseren Kurs korrigieren oder wo wir vielleicht sogar umkehren müssen.
Helfen kann uns bei dieser Betrachtung das Bild einer Mauer: Es steht für die vielen Mauern – im wörtlichen und im übertragenen Sinn – in unse-

rem Leben, für die Mauern, die uns stützen und schützen, auf die wir bauen, aber auch Mauern, die uns und andere ausgrenzen, Mauern, die sich uns oder die wir anderen in den Weg stellen.

*Stille*

**Kyrie-Rufe**  Effata, öffne dich! – Herr Jesus Christus, mit die-
*(mit GL 429)*  sem Wort hast du dem Taubstummen Ohren und Mund geöffnet. Herr, erbarme dich unser.
Steh auf! So hast du den Gelähmten angesprochen und ihm wieder Bewegung geschenkt. Christus, erbarme dich unser.
Lazarus, komm heraus! – Mit diesem Ruf hast du deinen Freund aus dem Grab befreit. Herr, erbarme dich unser.

**Gebet**  Barmherziger Gott, du hast deinen Sohn in diese
*MB 9*  Welt gesandt, um die Menschen aus der alten Knechtschaft zu erlösen. Schenke allen, die auf deine Hilfe warten, die Freiheit des neuen Lebens. Darum bitten wir durch ihn, Jesus Christus, deinen Sohn, unseren Herrn und Gott, der in der Einheit des Heiligen Geistes mit dir lebt und herrscht in alle Ewigkeit.

**Lesung**  Apg 16,22–31
*(Rettung des Paulus und Silas aus dem Gefängnis)*

**Antwortgesang** Ps 18; GL 712,1.2 (VV. 1–2.7–8.9–10) *oder*
Mit meinem Gott überspringe ich Wälle (Anhang bzw. Liederbücher)

**Hinführung zur Meditation**
Paulus und Silas, die wegen ihrer Verkündigung im Gefängnis von Philippi saßen, hatten die befreiende Kraft Gottes in ihrem Leben schon am eigenen Leib erfahren und vertrauten auch nun darauf, dass Gott ihre Gebete erhören würde. Das Erdbeben, das die Grundmauern des Gefängnisses erbeben ließ,

ihre Fesseln löste und ihnen die Tür zur Freiheit öffnete, deuteten sie als Antwort Gottes auf ihr Vertrauen.

Auch in unserem Leben gibt es zahlreiche Mauern: Mauern, die uns von unserer Umwelt trennen, Mauern, die uns gefangen halten.

**Meditation**

*Bild einblenden – leise Hintergrundmusik*
Eine Mauer aus groben Steinen.
Sie versperrt uns den Blick darauf,
was jenseits von ihr ist,
sie verwehrt uns den Zugang dorthin.
Mauern trennen Menschen voneinander,
verhindern Kommunikation,
lassen keine Gemeinschaft zu.

Mauern dienen auch dem Schutz.
Stadtmauern sollten die Bewohner einer Stadt
und ihr Eigentum
vor feindlichen Angriffen schützen
und bewahrten oft das Leben vieler Menschen.

Mauern sind nicht von vornherein schlecht,
es kommt darauf an, wozu wir sie bauen.

Wir bauen auch unsichtbare Mauern um uns;
Sie sollen unser Persönlichstes schützen,
unsere Intimsphäre,
die tiefen Geheimnisse unserer Psyche,
in die einzudringen niemand ein Recht hat.
Wie Stadtmauern dienen sie unserem Schutz.
Wir entscheiden selbst,
wem wir Einlass gewähren.

Doch wir können uns so sehr
auf das Bauen von Mauern spezialisieren,
dass wir uns abkapseln,
dass niemand mehr Zugang findet zu uns
und wir uns abschotten von den Anderen.
Wir werden einsam, ja Eigenbrötler,

fühlen uns unverstanden
und verstehen die Anderen nicht.

Wir klagen über die böse Welt
und denken nicht daran,
dass wir selbst die Mauer errichtet haben,
die dieses Unglück bewirkt.

Mauern, die andere um sich bauen,
verwehren uns den Zugang zu ihnen.
Kein gutes Gespräch ist mehr möglich,
keine wirkliche Gemeinsamkeit.
Mauern machen gemeinschaftsunfähig.
Wir ziehen uns voneinander zurück,
haben uns nichts mehr zu sagen.

Mauern des Schweigens,
Mauern der Schuld,
Mauern der Enttäuschung,
Mauern verweigerter Vergebung.

Diese Mauern machen uns zu Leidenden.
Es braucht einen, der den Mut hat,
über solche Mauern zu springen
und damit den ersten Schritt zu tun
auf den anderen zu.

Mauern fehlenden Selbstvertrauens,
Mauern der Verzweiflung,
Mauern der Angst:
lähmende Mauern.

Da sagt der Psalmist:
„Mit dir, Gott, erstürme ich Wälle,
mit meinem Gott überspringe ich Mauern"
(Ps 18, 30).
Das Vertrauen auf Gott kann uns helfen,
wenn wir an uns selbst verzagen.
Das Vertrauen auf Gott kann uns helfen,
den Schritt zu wagen,

den wir uns selbst gar nicht zutrauen:
„Mit meinem Gott überspringe ich Mauern."

**Impulse zur Gewissenserforschung**

- Welche Mauern habe ich um mich herum aufgebaut?
- Wo verschließe ich mich – vor Gott, vor den Menschen, die es gut mit mir meinen?
- Welche Verletzungen will ich damit verbergen?
- Sind meine Mauern so hoch und undurchdringlich, dass ich meinen Nächsten nicht mehr sehe? Nicht mehr sehen will?
- Bin ich gefangen in meinen Wünschen, in meinen Eitelkeiten, in meinen Tagträumen?
- Nehme ich den Ruf Gottes überhaupt noch wahr?
- Öffne ich mich ihm und seiner Liebe und Barmherzigkeit? Oder überhöre ich seinen Ruf zu Vertrauen und Umkehr und verschließe mich ihm?
- Was bleibe ich durch meine Mauer dem Anderen an Gemeinschaft, Aufmerksamkeit, Liebe schuldig?
- Lasse ich mich von den Mauern der Anderen abschrecken? Oder versuche ich, eine Lücke zu finden, ihnen Mut zu machen, von sich und ihren Sorgen zu erzählen?
- Gebe ich ihnen das Gefühl, mir nicht schutzlos ausgeliefert zu sein, wenn sie sich öffnen?
- Will ich überhaupt, dass Gott meine Mauern einreißt, dass er die Fesseln, die mich binden, löst? Oder verharre ich lieber in meiner abweisenden Haltung?

*Stille*

**Schuldbekenntnis**

Die Mauern, die wir um uns errichtet haben, hindern uns daran, zu Gott und unserem Nächsten zu gelangen. Sie hindern uns daran, Gottes Geboten zu folgen. Wir richten uns lieber darin ein, als dass wir versuchen, sie mit seiner Hilfe aufzubrechen und zu überwinden. Wir wollen die Schuld, die wir durch solches Tun auf uns geladen haben, bekennen: Ich bekenne ...

*Stille*

**Schriftwort** Joh 11,39a.41–44
*(Erweckung des Lazarus)*

**Vergebungszusage**

Der Herr, unser Gott, hat sich unser erbarmt. Sein Sohn, das urewige Wort des Vaters, ist Mensch geworden, um unsere Mauern zu überwinden und uns zu Gott zu führen. In ihm können wir Gott danken und ihn loben.

**Lied** Alle Knospen springen auf (Liederbücher) *oder* GL 637 (Lasst uns loben)

**Fürbitten** Auch dass wir aneinander denken und füreinander beten, überwindet Mauern um uns. So wollen wir unseren Herrn Jesus Christus bitten:
- Für Menschen, die aus Angst vor anderen in sich verschlossen sind.
  Christus, höre uns.
- Für alle, die durch Katastrophen in Not geraten und auf Hilfe angewiesen sind.
- Für die, die keine Arbeit mehr haben und nicht wissen, wie sie aus ihrer Verzweiflung finden.
- Für all jene, die krank und einsam sind.
- Für alle, an die wir jetzt denken und die unser Gebet brauchen.

**Vaterunser** Alle unsere Bitten lassen wir einmünden in das Gebet, das uns Christus gelehrt hat: Vater unser ...

| | |
|---|---|
| **Friedensgruß** | Wir bereiten uns in diesen Tagen darauf vor, dass der Friede Gottes zur Erde kommt. Wenn wir versöhnt miteinander leben, erfahren wir etwas von dieser Wirklichkeit. So lasst uns einander ein Zeichen des Friedens geben. |
| **Gebet** | Gott, nur mit deiner Hilfe wird es uns gelingen, die Mauern, die uns von dir und anderen trennen, zu überwinden. Schenke uns in dieser Zeit, in der wir die Ankunft deines Sohnes erwarten, Offenheit für dein Wort und lass uns die Liebe, die wir von dir empfangen haben, weitergeben an die Menschen, die uns begegnen. Darum bitten wir durch deinen Sohn Jesus Christus, unseren Bruder und Herrn. |

**Segen und Entlassung**

**Lied** Lass uns in deinem Namen, Herr (Liederbücher)

# Ruine
A+DVENT

Foto: Werner Eizinger

**Lied** GL 299 (Manchmal kennen wir Gottes Willen)

**Einführung** Wer kommt schon heil durchs Leben? Es gehört zum menschlichen Dasein, dass wir uns nicht immer auf der Sonnenseite des Lebens befinden. Schlimmer noch: Nur allzu oft sehen wir uns in unserer Existenz bedroht, lassen uns Krankheit, Einsamkeit, Arbeitslosigkeit am Sinn unseres Lebens zweifeln: „Hat Gott mich denn verlassen?" Es gehört ein starker Glaube dazu, in solchen Situationen auszuharren und sein Gottvertrauen nicht zu verlieren. Manchmal reißt der Glaube mehr Fragen auf als er beantwortet. Und nicht jedem gelingt es, sich diesen Fragen zu stellen. Manch einer verabschiedet sich dann von Gott: Das Haus des Glaubens zerfällt allmählich.

In diesem Gottesdienst wollen wir uns über unseren Glauben Gedanken machen und über unser Verhältnis zu Gott. Allein dass wir hier sind, zeigt ja, dass uns unser Glaube nicht gleichgültig ist. Rufen wir zu Christus, der um die Situationen weiß, in denen der Glaube schwer fällt.

**Kyrie-Rufe**
*(mit GL 433)*

Herr Jesus, Gottes Sohn, angefochten in der Wüste: Herr, erbarme dich unser.
Herr, Christus, voller Angst und Traurigkeit im Ölgarten: Christus, erbarme dich unser.
Herr Jesus, schreiend am Kreuz: Herr, erbarme dich unser.

**Gebet**
*MB 315*

Gott, unser Vater. Du hast uns für die Freude erschaffen. Dennoch begleiten Enttäuschung und Leid unser Leben. Hilf, dass wir dir glauben und auch in Stunden der Not dir vertrauen. Mach uns durch die Schmerzen reifer und hellhörig für die Not der anderen. Darum bitten wir durch Jesus Christus.

**Hinführung zur Lesung**
*Sprecher/in*

Die Lesung aus dem ersten Makkabäerbuch führt uns in die Zeit des 2. Jahrhunderts vor Christi Geburt. Das jüdische Volk litt unter der Besetzung des Landes durch die Seleukiden, die Nachfahren Alexanders des Großen. Das antike Griechenland mit seinen Ideen beherrschte damals den Mittelmeerraum. Auch das Gebiet Israels wurde davon nicht verschont; die fremden Herrscher brachten ihre

Götterkulte und Philosophien mit, ihre Speise- und Lebensgewohnheiten, die oft in hartem Kontrast zu dem standen, was der gesetzestreue Jude akzeptieren konnte. Aber den Besatzern war schnell klar: Der Widerstand im Land konnte nur gebrochen werden, wenn der jüdische Glaube ausgerottet würde. Im Jahre 169 v. Chr. plünderte König Antiochus den Jerusalemer Tempel, die Bewohner der Stadt wurden vertrieben, diejenigen, die sich zur jüdischen Religion bekannten, grausam verfolgt, in die Sklaverei verkauft oder getötet. Zwei Jahre später wurde das Jahwe-Heiligtum dadurch geschändet und entweiht, dass heidnische Götzenkulte dort gefeiert wurden. Unter den Frommen entstand eine Widerstandsbewegung gegen die Besatzer, und im Jahr 164 war es dann soweit: Judas Makkabäus konnte mit seinem Heer den feindlichen Truppen eine empfindliche Niederlage bereiten.
Und hier setzt unsere Lesung ein:

**Lesung**  1 Makk 4,36–51
*(Wiedereinweihung des Tempels)*

**Psalm**  Ps 27; GL 719,1.2 (VV. 1–8)

**Hinführung zur Meditation**

Der erste Weg nach seinem Sieg führt Judas Makkabäus zum Tempel – für den gläubigen Juden der Mittelpunkt Jerusalems und Israels überhaupt, Ausdruck für die Gegenwart Gottes bei seinem Volk. Der Zustand, in dem sie das Gebäude und das Gelände ringsum vorfinden, veranlasst die Männer nicht zu neuem Zorn über die Besatzer. Tiefe Trauer erfasst sie: Sie zerreißen ihre Kleider, klagen laut, werfen sich zu Boden, streuen sich Staub auf den Kopf. Man kann diesen Vorgang vielleicht auch so deuten: Sie geben sich selbst – stellvertretend für das ganze Volk – die Schuld an diesem Zustand. Weil sie gesündigt hatten, weil sich das Volk von seinem Gott abgewandt hatte, hat Gott diesen Fre-

vel zugelassen. Und so zeigen sie ihre Reue. Doch bleibt es nicht dabei – umgehend beginnen sie mit der Reinigung des Tempels, wollen wieder gut machen, wollen wieder aufbauen, wollen dem Herrn wieder die Ehre geben können. –
Kann uns diese Erzählung nicht auch viel über den Umgang mit unserem eigenen „Tempel", dem Ort, an dem Gott bei uns und in uns wohnen will, sagen?

**Meditation mit Impulsen zur Gewissenserforschung**
*leise Hintergrundmusik*
Die Ruine eines alten Gebäudes –
zerstört oder verfallen.
Man spürt noch die Schönheit
des alten Bauwerks,
sieht Reste von Torbogen,
Dachgebälk und Mauern.
Teilweise haben Pflanzen
Besitz ergriffen von den Mauerresten.
Ich empfinde ein wenig Nostalgie
in Erinnerung an das blühende Leben
in früheren Jahrhunderten,
dann kommt die Frage:
Muss das wirklich sein?
Dass Altes untergeht,
um Neuem Platz zu machen?
Aber wo ist das Neue?
Was, wenn das Alte nur als Ruine
und Zeuge der Vergangenheit gepflegt wird?
Wenn da nichts Neues entsteht?
Wie ist das in meinem Leben?
Musste da nicht auch schon
manches Alte weichen?
Ist an seine Stelle Besseres getreten?
War wirklich alles Alte zerstörenswert gewesen?
Oder hätte es nur besser gepflegt werden sollen?

Wie ist das mit meinem alten Glauben?
Habe ich ihn einfach abgelegt, weggeworfen,

zur Ruine gemacht, in der kein Leben mehr ist?
Sollte ich ihn vielleicht erneuern,
mit neuem Geist, mit neuem Leben füllen?
Möglich, dass mancher alte Raum
nicht mehr tauglich dazu war,
dass die Seele darin wohnen konnte.
Möglich, dass manche Vorstellung
des Kinder- und Jugendglaubens
sich nicht haltbar erwies.
Was habe ich getan,
um den Glauben in mir zu erneuern,
um Gott in mir neuen Lebensraum zu schaffen?
Um meiner Seele neue Lebenslust zu schenken?
Ist mein Glaube Ruine geworden
oder habe ich ihn renoviert, erneuert,
so dass er mich, meine Sehnsucht,
mein Leben wieder tragen kann?
Wo müsste ich ansetzen,
um meinen Glauben zu erneuern?

**Bußakt mit Schuldbekenntnis**

Wir wollen uns Zeit nehmen, darüber nachdenken, erkennen, wo wir uns von Gott abgewandt haben, wo wir ihn nicht gesucht haben und deshalb auch nicht finden konnten.

*Zeit der Stille, evtl. leise Musik im Hintergrund*

Lasst uns umkehren zum Herrn, lasst uns ihm unsere Schuld und unser Versagen bekennen, damit uns gelingt, was Judas Makkabäus erreichte: den Tempel nicht weiter verfallen zu lassen, sondern aus ihm einen Ort des Glaubens und der Nähe Gottes zu machen.

Nach jedem Bekenntnis zünden wir eine Kerze an und singen den Liedruf „Haschivenu adonai": Kehre uns, Herr, dir zu, dann können wir uns zu dir bekehren. Erneuere unsere Tage, damit sie werden wie früher (Klgl 5,2).

**Schuldbekenntnis**

- Großer Gott, allzu oft beachten wir deine Gebote nicht. Wir setzen uns darüber hinweg, weil sie unbequem und mühsam erscheinen.

*Kerze entzünden; dazu*

**Liedruf** Haschivenu adonai (Liederbücher bzw. Anhang)

- Liebender Gott, du gehst uns nach, doch wir wollen dich nicht sehen – zu sehr störst du uns in unseren Gewohnheiten.

*Kerze entzünden; dazu Liedruf*

- Weiser Gott, in den Heiligen Schriften, die du uns gegeben hast, könnten wir viel über dich und deine Güte zu uns erfahren. Aber wir lesen nicht und hören nicht zu.
- Menschenfreundlicher Gott, in deiner Menschwerdung hast du uns gezeigt, wie du bist. Wir aber wollen dich nicht im Nächsten erkennen.
- Suchender Gott, du klopfst bei uns an, doch wir lassen dich nicht ein. Wenn du wirklich bei uns wohnen würdest, müsste sich ja etwas ändern in unserem Leben!
- Wissender Gott, oft sind wir ratlos und wissen nicht weiter. Aber anstatt uns im Gebet an dich zu wenden und uns dir anzuvertrauen, vertrauen wir lieber auf uns selbst, auch wenn wir dabei verzweifeln.
- Wartender Gott, wir haben uns von dir abgewandt, und doch leiden wir darunter, dich nicht zu spüren. Aber es fällt uns schwer, uns umzudrehen, die Schuld zu bekennen.
- Sprechender Gott, dein Wort ist Wahrheit und dein Name ist heilig. Aber wir gebrauchen ihn oft gedankenlos und ehren ihn nicht.

**Schriftwort** 2Kor 6,16
*(Wir sind Tempel des lebendigen Gottes)*

**Vergebungszusage**
Der Herr hat sich unser erbarmt. Er selbst heiligt uns, weil er in unserer Mitte ist. Er baue auch den Tempel des Glaubens in uns wieder auf und heilige ihn mit seiner Gegenwart in uns. So können wir ihm danken und singen.

**Lied** GL 260,1–3 (Singet Lob unserm Gott)

*Sprecher/in* Acht Kerzen haben wir entzündet, die unsere Bitte um Vergebung ausdrücken. Sie führen uns noch einmal zurück in die Zeit des Judas Makkabäus: Als der Jerusalemer Tempel wiederhergestellt war, feierten die Juden ein großes Fest. Acht Tage dauerte dieses Tempelweihfest – hebräisch: chanukkah –, das auch heute noch von Juden in aller Welt im Dezember zum Andenken an den Tempel und die Treue zum Gesetz gefeiert wird. An jedem Festtag wird auf einem achtarmigen Leuchter ein weiteres Licht entzündet. Der achtarmige Leuchter und auch unsere acht Kerzen sind ein Zeichen unserer Gewissheit: Gott hat die Schuld vergeben – Gott sei Dank.

**Lied** GL 260,4–5

**Vaterunser** „Singet Lob unserm Gott ... der uns annahm an Kindes Statt." So dürfen wir ihn ansprechen: Vater unser ...

**Segen** Gott lädt uns immer wieder ein, ihn zu suchen und zu finden. Er selbst zeigt uns die Wege zu ihm, er selbst hilft uns, das Haus des Glaubens in uns wiederzuerrichten. Er stärke uns auch weiterhin auf dem Weg zu ihm, er gebe uns Kraft, nicht zu ermüden, und immer wieder umzukehren, wenn wir den Weg verfehlt haben.
Dazu segne uns der Menschen liebende Gott, der Vater, der Sohn und der Heilige Geist.

**Lied** GL 257,1.9–11 (Großer Gott, wir loben dich)

# Verband
(KOMMUNION-)KINDER UND ELTERN

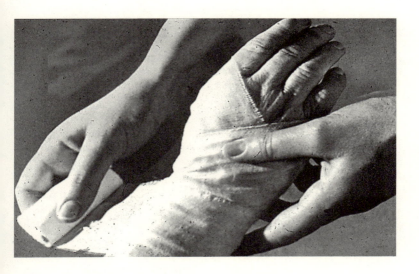

| | |
|---|---|
| **Lied** | GL 622 (Hilf, Herr meines Lebens) |
| **Einführung** | Wir sind nicht allein in dieser Welt, Gott hat uns zur Gemeinschaft mit anderen Menschen berufen. Damit hat er uns eine Aufgabe gegeben: Wir sollen auf einander achten, sollen uns um einander kümmern, sollen unseren Mitmenschen helfen, wenn sie in Not sind. Wir sollen dort nicht fehlen, wo wir nötig sind. Oft sind wir auch selbst auf Hilfe angewiesen: Wenn wir krank sind oder verletzt, hoffen wir, dass jemand da ist, der unsere Not sieht. |
| **Spielszene** | *2 Personen: Erwachsener und Kind* |
| | *Kind kommt herbei, humpelt, fasst sich ans Knie, weint.* |
| *E* | Was ist passiert? Warum weinst du? |
| | *K schluchzt.* |
| *K* | Ich bin hingefallen, mein Knie blutet. |

| | |
|---|---|
| E | *E nimmt Kind in die Arme, tröstet.*<br>Warte hier, ich hole Verbandszeug.<br>*Geht weg, kommt mit Mullbinde und Salbe zurück.*<br>Schau, hier habe ich eine Binde. Und die Salbe hilft bestimmt auch ganz schnell.<br>*E verbindet das Knie, hilft K auf und führt es weg.* |
| P | *P an Kinder*<br>Das ist euch sicherlich auch schon mal passiert. Man rennt, stolpert und schon liegt man auf der Nase. Und oft tut es dann ganz schön weh. Was braucht man da am meisten? |
| | *KK antworten lassen: einen, der tröstet; einen Verband, damit es nicht blutet, Wunde sauber machen, Salbe drauf machen usw.* |
| P | Wir wollen heute gemeinsam überlegen, wo wir an der Not der anderen vorbei gegangen sind, wo wir nicht erkannt haben, dass jemand Hilfe braucht. Und überlegen, warum das so war und wie wir es in Zukunft besser machen können.<br>Doch zunächst wollen wir gemeinsam beten und Gott bitten, dass er unsere Augen, Ohren und Herzen öffne, damit wir verstehen und erkennen, was er uns heute sagen will. |
| **Gebet**<br>*MB 317* | Gott. Du kennst uns besser, als wir uns selber kennen. Du weißt, wie sehr wir der Änderung und Umkehr bedürfen. Aber du trittst nicht mit Gewalt an uns heran oder mit List. Du kommst zu uns mit deinem Wort – deinem offenen und guten, deinem fordernden und heilenden Wort. Gib, dass wir dir heute nicht ausweichen, dass wir uns öffnen und dein Wort annehmen: Jesus Christus, deinen Sohn, unseren Herrn und Gott, der in der Einheit des Heiligen Geistes mit dir lebt und herrscht in alle Ewigkeit. |

**Evangelium**  Lk 10,25–37
*(Gleichnis vom barmherzigen Samariter)*

**Hinführung zur Meditation**

„Geh und handle genauso!", gibt Jesus den Schriftgelehrten mit auf den Weg. Das gilt auch für uns, auch, wenn wir sicher nicht jeden Tag jemandem am Wegrand finden, der unter die Räuber geraten ist. Aber was kann uns diese Geschichte denn *noch* sagen? Der Mann aus Samaria zeichnet sich nicht nur durch seine Aufmerksamkeit gegenüber der Not des Überfallenen aus. Was macht er denn genau?

*evtl. Kinder befragen*

Er hatte Mitleid, das bedeutet doch: Er litt mit ihm. Er sah die Wunden des Mannes, spürte förmlich seine Schmerzen. Und was tat er dann? Er wandte sich nicht ab, weil ihm vor Blut vielleicht ekelte, er ritt auch nicht weiter, um Hilfe zu holen, sondern er stieg ab von seinem Reittier, er beugte sich zu dem Verletzten hinunter und leistete „Erste Hilfe". Mit dem, was er gerade in seiner Vorratstasche fand, reinigte und desinfizierte er die Wunden und deckte sie ab. Seine Hilfe war im wahrsten Sinne des Wortes „handgreiflich" und „berührend", zur medizinischen Versorgung kam die mitmenschliche Nähe, die er den Fremden und Schwerletzten spüren ließ. Der Mann aus Samarien übernahm Verantwortung für diesen Menschen, er nahm in Kauf, dass sich seine eigenen Reisepläne verzögerten, als er ihn auf seinem Esel in die nächste Herberge brachte und bis zum nächsten Morgen bei ihm blieb; er zahlte sogar noch drauf, als er den Wirt mit Pflege und Verköstigung des Überfallenen beauftragte.

Eine Geschichte, die zeigt, wie ein Verband Verbindung schafft …

**Meditation**  
*Sprecher/in*

*leise Hintergrundmusik*
Da legt jemand einem andern einen Verband an.
Eine Verletzung, eine Hautkrankheit, egal.
Wer sich selbst nicht helfen kann,
bedarf der Hilfe anderer.
Beides gehört abwechselnd zum Menschen:
hilfsbedürftig sein
und bereit sein zu helfen,
gegenseitig füreinander da sein.

Jemanden verbinden
und die Erfahrung, verbunden zu werden,
verbindet die Menschen.
Es löst Dankbarkeit aus und Freude,
die Freude Hilfe zu erfahren
und die Freude helfen zu können.
Verbinden schafft Verbindung.

Verbinden schafft Heilung.
Das richtige Wort zur rechten Zeit
kann heilen.
Es verbindet Menschen miteinander,
signalisiert Anteilnahme,
richtet auf und ermutigt,
befreit aus Einsamkeit und Verzweiflung,
schenkt das Gefühl verstanden zu werden,
lässt Geborgenheit aufkommen.
Es tut der Seele gut.

*Stille*

Bin ich einfühlsam genug um wahrzunehmen?
Die Hilfsbedürftigkeit,
die Einsamkeit,
den Gesprächsbedarf?
Oder bin ich so kalt,
so auf mich selbst bezogen,
dass ich dafür kein Gespür entwickle?
Und wenn ich wahrgenommen habe,
nehme ich mir Zeit für den anderen?

**Lied** Zwischen Jericho und Jerusalem (Liederbücher)

**Gewissenserforschung**

Wer ist mein Nächster? Die Frage der Schriftgelehrten an Jesus betrifft auch uns. Und so fragen wir uns:

- Merke ich es, wenn jemand in meiner Umgebung, von meinen Freunden leidet? Oder sehe ich nur meine eigenen Sorgen?
- Versuche ich zu helfen? Nehme ich mir Zeit zum Zuhören, wenn mir jemand von seinen Sorgen erzählt? Oder fühle ich mich belästigt und sage „Lass mich doch in Ruhe!"?
- Wenn jemand aus meiner Umgebung leidet, weil er von anderen verspottet wird: Halte ich zu ihm, setze ich mich für ihn ein? Oder höre ich lieber weg oder beteilige ich mich sogar daran, ihn zu verletzen?
- Wenn ich selbst traurig bin, wenn ich Sorgen habe oder von Menschen verletzt wurde: Vertraue ich mich Gott an und traue ich ihm zu, dass er mir helfen kann? Oder meine ich, alles aus eigener Kraft lösen zu können?
- Versuche ich, im Not leidenden Mitmenschen Gott zu erkennen?
- Sehe ich die Bitte um Hilfe als Ruf Gottes, seine Liebe unter den Menschen sichtbar zu machen?
- Habe ich ein Herz für Gott und die Menschen?

**Schuldbekenntnis**

Ich bekenne ... (GL 353,4)

*Stille*

**Schriftwort** Ps 147,2–3
*(Der Herr heilt die zerbrochenen Herzen)*

**Vergebungszusage**

Der allmächtige Gott hat sich unser erbarmt in seinem Sohn Jesus Christus. Er schenkt den Gerechten ihren Lohn und verzeiht den Sündern ihre Schuld um seines Lebens und Sterbens willen. Ja, Gott hat uns unsere Schuld vergeben. Deshalb dürfen wir uns freuen und ihm ein Loblied singen!

**Lied**  Laudato sii (Liederbücher) *oder*
Ich lobe meinen Gott (Liederbücher)

**Gebet**  Gott, du Arzt deines Volkes, du selbst hast uns heute verbunden, hast die Wunden, die unsere Sünden geschlagen haben, geheilt. Dafür danken wir dir und preisen dich durch deinen Sohn Jesus Christus im Heiligen Geist.

**Entlassung**  Geht den Weg der Barmherzigkeit, den uns unser Gott durch seinen Sohn Jesus Christus gezeigt hat. Habt offene Augen, Ohren und Herzen für die Not eures Nächsten.
Vertraut darauf, dass Gott euch hilft, seinen Willen in dieser Welt zu erfüllen.
Dazu segne er euch, der Vater, der Sohn und der Heilige Geist.

**Lied**  Lass uns in deinem Namen, Herr (Liederbücher)

# Schlüssel
WÄHREND DES JAHRES

Foto: Ivo Křižăn

| | |
|---|---|
| **Lied** | GL 516 (Herr Jesu Christ, dich zu uns wend) |
| **Einführung** | Ein Wort, eine Bedeutung „bleibt mir verschlossen"; jemand hat den „Schlüssel zum Erfolg"; wir hatten ein „Schüsselerlebnis": Sprichwörtlich sind Schloss und Schlüssel. Sie sind uns vertraut aus unserem Alltag, und oft nehmen wir kaum noch wahr, wie wichtig sie eigentlich sind. Nur wenn wir einmal ohne Schlüssel vor verschlossener Tür stehen und einen „Schlüsseldienst" in Anspruch nehmen müssen, erleben wir die Bedeutung des kleinen Gegenstands in unserer Tasche.<br>Er kann uns auch in diesem Gottesdienst als Bild und Gleichnis dienen, denn vieles ist in uns verschlossen und bedarf der Öffnung durch Gott. |

**Kyrie-Rufe** Herr Jesus Christus, du selbst bist die Tür, die uns Zugang gewährt zu Gott. Herr, erbarme dich.
Du bist der Schlüssel Davids, der öffnet, so dass niemand mehr schließen kann: Christus, erbarme dich.
Du hast deiner Kirche die Schlüssel des Himmelreiches übergeben. Herr, erbarme dich.

**Gebet** Gott, oft wissen wir nicht aus noch ein. Dann sei uns nahe und hilf uns – wie jetzt in dieser Stunde, da wir dein Wort hören, um in seinem Licht unser Leben neu zu schauen. Darum bitten wir durch Jesus Christus.

**Schriftlesung** Mt 9,1–8
*(Heilung des Gelähmten)*

**Antwortgesang** GL 193 (Herr, unser Gott, bekehre uns)

**Hinführung zur Meditation**
„Hab Vertrauen, deine Sünden sind dir vergeben!" Und schon kann der Gelähmte wieder gehen. So einfach ist das also mit der Sündenvergebung? Die umstehende Menge, die Schriftgelehrten eingeschlossen, hat es weniger erschüttert, dass da ein Gelähmter wieder gehen kann. Erschrocken waren sie über die Autorität, mit der Jesus auftrat: Sünden vergeben, dass konnte nur Gott. Was maßt sich dieser Wanderprediger eigentlich an? Aber dass er wirksam handelte, wurde sogleich offenbar: Der Gelähmte stand auf. Krankheit galt zur Zeit Jesu als Strafe für begangene Sünden. Der Kranke musste dabei nicht einmal selbst gesündigt haben, es konnte auch eine Strafe für die Vergehen seiner Eltern oder Großeltern sein. Der Zusammenhang von Sünde und Krankheit aber galt als gesichert. Und wenn nun ein Gelähmter wieder gehen kann, so heißt das nichts anderes, als dass der Krankheitsgrund weggefallen war: „Deine Sünden sind dir vergeben." Inzwischen belächeln wir solch ein Denken vielleicht. Aber stimmt dieser Zusammenhang doch nicht immer noch zu-

mindest in einem übertragenen Sinn? Kann uns die Sünde nicht innerlich lähmen, uns handlungsunfähig machen, uns ausschließen vom vollen, gesunden, glücklichen Leben? Lähmt es nicht unser Handeln, wenn wir wissen, dass wir an anderen schuldig geworden sind?
Der Gelähmte aus dem Evangelium konnte nicht aus eigener Kraft zu Jesus kommen, seine Verwandten haben ihn dorthin gebracht. Sie brauchten nicht viel zu sagen, allein dass sie kamen, war Jesus genug, er verstand auch ohne Worte: Er sah ihren Glauben. Glauben und Vertrauen, das sind zwei Vollzüge, die nahe beieinander liegen, das wissen wir aus unserem alltäglichen Leben.

**Meditation** *Bild einblenden – leise Hintergrundmusik*
*Sprecher/in* Der Schlüssel ist ein wichtiges Utensil.
Ich kann damit Schlösser sperren,
Türen öffnen und schließen.
Schlüssel verleihen Zugang
zu Häusern und Wohnungen.
Doch wie finde ich Zugang zu Menschen?
Gibt es auch dafür Schlüssel?

Manche Menschen öffnen sich schnell,
andere nur langsam.
Und wie weit einer öffnet,
ist ihm selbst überlassen.
Der Schlüssel zu Menschen
ist wohl das Vertrauen.

Vertrauen wächst in vielen Begegnungen,
in guten Gesprächen und Erfahrungen.
Wenn ich vertrauenswürdig erscheine,
kann der andere sich Zug um Zug öffnen.
Und Vertrauen muss gegenseitig wachsen.
Wer spürt, dass man ihm nicht vertraut,
wird auch selbst kaum vertrauen.
Wenn einer enttäuscht ist von mir,
wird er sich mir verschließen.

Wenn einer spürt,
dass ich gewaltsam eindringen will,
wird er vorsichtig sein.
Bin ich vertrauenswürdig?
Rechtfertige ich das Vertrauen anderer?

Auch andere suchen Zugang zu mir.
Können sie ihn finden
oder bin ich verschlossen?
Habe ich Angst mich zu verlieren,
wenn ich mich öffne?
Angst vor der Begegnung?
Angst vor dem Erkanntwerden?
Oder ist es der Stolz,
der anderen die Begegnung mit mir verwehrt?
Vielleicht tu ich mich einfach nur schwer,
Vertrauen zu schenken.
Blindes Vertrauen wäre sicher nicht gut,
es könnte ausgenützt werden.
Wer mich kennt,
hat etwas gegen mich in der Hand.
Es ist schon gut zu überlegen,
wem man Vertrauen schenkt.

Gibt es einen Schlüssel,
der mir Zugang verschafft zu Gott?
Seine Türe ist nie verschlossen,
er ist immer bereit
für Gespräch und Begegnung,
weil er mich zuerst geliebt hat (Vgl. 1 Joh 4,19),
aber ich?
Auch hier eine Frage des Vertrauens.
Nur wenn ich ihm vertraue,
suche ich Zugang zu ihm.
Nur dann kann ich erfahren,
dass es Gottesbegegnung gibt
und dass sie beglückt und stärkt.

Gott ist immer unterwegs zu mir.
Er sucht mich, auch wenn ich mich verirrt

oder von ihm abgewandt habe.
Doch wie soll sein Suchen nach mir,
sein Besuch bei mir erfolgreich sein,
wenn ich mich ihm verschließe?
Vielleicht stand er schon oft
draußen vor meiner Tür,
doch ich habe nicht geöffnet?
Zur Begegnung gehören immer zwei.
Gott steht vor meiner Tür,
aber öffnen muss ich selber.

**Gewissenserforschung**

Damit Gott uns unsere Sünden vergeben kann, müssen wir glauben und vertrauen. Oft aber scheitert es gerade daran. Denken wir darüber nach, wie unser Verhältnis zu Gott ist, was uns unser Glaube bedeutet, wie er sich in unserem Leben auswirkt.
- Richte ich mein Leben aus an Gottes Wort?
- Traue ich ihm zu, dass er mich lenkt und leitet, auch wenn ich es nicht immer erkenne?
- Bemühe ich mich darum, Gott immer besser kennen zu lernen – durch Lesen der Bibel, durch religiöse Vorträge, durch das Gespräch mit anderen Gläubigen?
- Oder hat Gott eigentlich keinen Platz in meinem Leben, sind mir die Dinge des Alltags wichtiger als er?
- Ist Gott für mich nur an Feiertagen oder in Notlagen wichtig?
- Bete ich regelmäßig, suche ich das Gespräch mit Gott?
- Kann ich still werden und mich seinem Anruf aussetzen, nehme ich mir Zeit für ihn?
- Nehme ich sein Klopfen an die Tür meines Herzens wahr oder überhöre ich es lieber?
- Glaube ich seiner Botschaft, auch wenn sie unbequem ist und nicht in mein Leben passt? Oder glaube ich lieber anderen Stimmen, die es mir bequem machen?

- Wage ich es, mein Leben in Gottes Hand zu legen oder will ich alles aus eigener Kraft schaffen?
- Welchen Stellenwert nimmt Gott bei mir ein? Ist er „mein Herr und Gott", neben dem andere Götter keinen Platz haben? Oder sind mir Erfolg, Aussehen, Wohlstand, meine Hobbies und Beziehungen wichtiger als er?
- Vernachlässige ich Gott? Oder bemühe ich mich um eine lebendige Beziehung zu ihm?
- Welches Bild habe ich von Gott? Fürchte ich mich vor ihm oder nehme ich ihn nicht so recht ernst?
- Bekenne ich mich zu ihm? Oder schweige ich lieber aus Furcht vor Unannehmlichkeiten, wenn es ihn und seine Botschaft zu verteidigen gilt?
- Versuche ich, ein Leben aus dem Geist Jesu zu führen? Oder gleiche ich mich lieber dieser Welt an?

**Schuldbekenntnis**

Gott, du kennst unser Herz. Du weißt, weshalb wir heute hier sind: Weil du uns nicht egal bist, weil wir immer wieder nach dir suchen, weil wir wissen, dass nicht alles gut ist, was wir tun, ja, dass wir oft eher das Böse tun und das Gute unterlassen. Deshalb bekennen wir gemeinsam:
Ich bekenne ...

**Vergebungszusage**

Der barmherzige Gott hat sich unser erbarmt. Er uns seinen Sohn geschenkt, der alles von uns nimmt, was uns lähmt und uns hindert, zu ihm zu kommen und ein freies und glückliches Leben zu führen. Er lädt sich bei uns ein und will mit uns eine ewige Gemeinschaft halten.

**Schriftwort** Offb 3,20
*(Ich stehe an der Tür und klopfe)*

**Lied** GL 261 (Den Herren will ich loben) *oder*
GL 110,3 (Wachet auf)

**Vaterunser** Der Vater unseres Herrn Jesus Christus ist auch unser Vater. So dürfen wir zu ihm beten: Vater unser …

**Friedensgruß** In der Versöhnung mit Gott und untereinander wird das Reich Gottes spürbar, um das wir gebetet haben. So wollen wir uns diesen Frieden Gottes zusagen.

**Gebet**
*MB 308*
Gott des Lebens. Durch die Auferstehung deines Sohnes wissen wir: Der Tod ist überwunden, der Weg zu dir steht offen, unser Leben ist unvergänglich. Hilf uns, in dieser Gewissheit unser Leben anzunehmen und daraus zu machen, was du von uns erwartest. Darum bitten wir durch Jesus Christus.

**Segen und Entlassung**

**Lied** GL 265 (Nun lobet Gott im hohen Thron)

# Wurzeln
### Während des Jahres

Foto: Monika Fuchs

**Lied**  Selig zu preisen ist der Mann (GL-Diözesananhänge) *oder*
GL 614 (Wohl denen, die da wandeln)

**Einführung**  Worin finden wir Halt? Was gibt uns Kraft, wenn es hart auf hart kommt? Woraus leben wir eigentlich? Fragen, die an das Innerste gehen, die uns wirklich betreffen. Wir haben meist keine Zeit, uns ihnen zu stellen – oder wir wollen es nicht … Vielleicht bietet uns dieser Gottesdienst die Gelegenheit, darüber nachzudenken. Denn eigentlich sollte es ja für jede und jeden von uns Gott selbst sein, aus dem wir leben, in dem wir uns bewegen und sind. Doch ist dies auch so?

Wir wollen uns in dieser Stunde fragen, wie unsere Beziehung zu Gott ist. Ja, wir wollen uns und die Verwurzelungen unseres Lebens von ihm und im Licht seines Wortes in Frage stellen lassen.

Werden wir still, sammeln wir uns in der Gegenwart unseres Herrn.

*Stille*

**Kyrie-Rufe** Herr Jesus Christus,
*(mit GL 463)* du bist der gute Hirt, der uns an Wasser des Lebens führt: Herr, erbarme dich.
Du bist der Rebstock, wir sind die Zweige: Christus, erbarme dich.
Du bist das Korn, das in die Erde fiel und starb, um neues Leben zu treiben: Herr, erbarme dich.

**Gebet** Heiliger Gott, gib, dass wir deinen Namen allezeit
*MB 221* fürchten und lieben. Denn du entziehst keinem deine väterliche Hand, der fest in deiner Liebe verwurzelt ist. Darum bitten wir durch Jesus Christus.

**Schriftlesung** Lk 13,6–9
*(Gleichnis vom Feigenbaum)*

**Gesang** Ps 92; GL 536,2 *(einen Ton tiefer) mit* GL 737,2 (VV. 9–12)

**Hinführung zur Meditation**

Der Feigenbaum trägt keine Frucht. Der Gärtner gibt nicht dem Baum, sondern dem Boden die Schuld dafür. Mit allen gärtnerischen Mitteln, die ihm zur Verfügung stehen, will er dem Baum noch eine Chance zum Überleben geben. Der Gärtner weiß, wie wichtig ein fruchtbarer Boden für den Ertrag

ist. In ihm wurzelt er, aus ihm bezieht er seine Lebenskraft.
Wir wollen einen Baum betrachten – als Sinnbild für uns, unser Leben und das, woraus wir leben.

## Meditation und Impulse zur Gewissenerforschung
*Bild einblenden – leise Hintergrundmusik*
Wunderbar steht er vor mir,
ein kräftiger Baum,
umgeben von grünenden Wiesen.
Der starke Stamm trägt eine mächtige Krone
in grüner Blätterpracht.
Wer weiß, welchen Gewalten
er schon standhalten musste,
wenn die Stürme über das Land brausten.

Ich nähere mich langsam dem Baum,
der so beeindruckend inmitten der Wiesen steht,
und ich genieße den wohltuenden Schatten,
den er mir spendet nach einer Wanderung
an heißem Sommertag.
Ich lehne mich an den Stamm des Baumes,
kann ausruhen und neue Kräfte sammeln.

Ich nehme meine Wanderung wieder auf,
doch nach etlichen Metern
dreh ich mich noch einmal um,
Abschied zu nehmen von meinem Baum.
Ich bewundere noch einmal seine Krone,
die ebenmäßig gewachsenen Äste,
breit ausladend und nach oben sich sammelnd,
das volle Blattwerk an den Zweigen,
Schönheit, an der ich mich nicht satt sehen kann.

Doch dann wird mir bewusst,
dass ich das Wichtigste des Baumes
gar nicht gesehen habe
und auch nicht sehen kann.
Woher hat der Stamm seine Festigkeit,
woher die Krone ihre Schönheit?

Die Wurzeln, tief eingegraben in die Erde,
geben dem Baum seinen Halt.
Die Wurzeln, Nahrung aufnehmend
aus der Erde,
versorgen den Baum
bis in die letzten Fasern seiner Blätter.

Und ich frage mich:
Worin habe *ich* meinen Halt,
wo habe *ich* meine Wurzeln,
welche Nahrung nehme *ich* in mich auf?

Nach den Worten der Bibel
habe ich meine Wurzeln in Gott.
Er gibt meinem Leben Halt
und nährt mich mit lebendigem Wasser.

Er ist das Erdreich,
in das ich meine Wurzeln eingraben muss,
um sicher und fest zu stehen.
Sein Wort ist die Nahrung,
die ich brauche für meinen Geist,
denn „der Mensch lebt nicht von Brot allein"
(Mt 4,4).

Doch ich kann mich lösen von ihm
und andere Nahrung suchen
für meinen Geist, für die Seele.

Wer aber sollte bessere Nahrung haben für mich
als der, der mich schuf,
der will, dass ich lebe, gedeihe
und gute Frucht bringe?

Und ich frage mich weiter:
Nehme ich das ernst?
Grabe ich meine Wurzeln
wirklich in Gott ein,
nehme ich sein Wort
tatsächlich als Nahrung in mich auf?

Habe ich „Freude an der Weisung des Herrn" (Ps 1)
oder sind mir seine Wegweisungen egal?
Möchte ich aus meinem Leben das machen,
wozu er mich berufen hat?
Höre ich lieber
die lautstarken Botschaften der Welt,
oder lausche ich
auf seine leise Stimme in meinem Herzen?
Laufe ich auf meinen eigenen Wegen
oder folge ich den Wegen Gottes?
Bin ich bereit umzukehren,
wenn ich den Weg verfehlt habe,
um es von neuem zu versuchen?

*Stille*

**Schuldbekenntnis**
Ps 51; GL 85,2.3
*(sprechen)*

**Schriftwort** Joh 15,1–5
*(Bildrede vom wahren Weinstock)*

**Vergebungszusage**
Gott, unser Vater, hat sich unser erbarmt. Er hat uns seinen Sohn Jesus Christus geschenkt, in den wir in unserer Taufe eingesenkt wurden. Sein Wort und seine Sakramente wollen uns Kraft und Weisung für das Leben geben. So dürfen wir ihm danken und ihm singen.

**Lied** GL 289 (Herr, deine Güt ist unbegrenzt)

**Vaterunser** Gott hat uns als Kinder erkoren. So dürfen wir ihn Vater nennen und zu ihm sprechen: Vater unser ...

**Friedensgruß**  Mit unserem Leben sollen wir Zeugnis geben für das, woraus wir leben: dass wir mit Gott versöhnt sind und seinen Frieden weitergeben wollen. Geben wir uns ein Zeichen dieses Friedens und dieser Versöhnung.

**Gebet**  Gott, du erhörst uns, wenn wir zu dir rufen, du wartest auf uns, auch wenn wir von deinen Wegen abweichen, du hältst uns, auch wenn wir uns nicht in dir verwurzeln. Wir danken dir dafür. Und wir bitten dich: Sei auch weiterhin der wahre Quell, der unser Leben fruchtbar macht – in deinem Sohn Jesus Christus, der durch seinen Tod und seine Auferstehung Sünde und Tod besiegt hat, der unser Bruder ist und unser Herr.

**Entlassung und Segen**
Geht nun auf den Wegen des Herrn!
Freut euch über seine Vergebung!
Verwurzelt euch in seiner Liebe!
Dazu segne euch der gütige Gott,
der Vater, der Sohn und der Heilige Geist!

*Orgelspiel, Stille oder*

**Lied**  Herr, wie ein Baum (Anhang) *oder*
Mein Hirt ist Gott der Herr (GL-Diözesananhänge)

# Flaschen
WÄHREND DES JAHRES

Foto: Guido Fuchs

**Lied**  Herr, unser Herrscher, wie herrlich bist du (Anhang)

**Einführung**  Vor einigen Jahren hielt der damalige Trainer des FC Bayern München, Giovanni Trappatoni, eine berühmt gewordene Rede, in der er sich aufgebracht über das Verhalten seiner Spieler äußerte („Was erlauben Struunz?!"). In ihr brachte er auch den schönen Vergleich: „In diese Spiel es waren zwei, drei oder vier Spieler, die waren schwach wie eine Flasche leer!" Die „Flasche" ist jedoch nicht erst seitdem ein Schimpfwort für Versager. Dabei ist sie ja ein höchst wichtiger Gegenstand in unserem Alltagsleben. Sie kann uns heute als Bild begleiten in der Frage, was wir sind, wie wir uns selbst sehen und wie wir mit uns selbst und mit anderen umgehen.

**Kyrie-Rufe** Herr Jesus Christus,
du rufst uns zur Umkehr, weil das Himmelreich nahe ist: Herr, erbarme dich.
Du kannst das heil machen, was in uns krank ist: Christus, erbarme dich.
Du schenkst uns die Vergebung der Sünden: Herr, erbarme dich.

**Gebet** Heiliger Gott. Du hast uns eine große Würde gegeben und uns erfüllt mit deinem Heiligen Geist. Lass uns diese Würde erkennen und einander so begegnen, dass wir deinem Geist gemäß handeln. Darum bitten wir durch Jesus Christus.

**Lesung** Kol 3,12–15
*(Ertragt einander in Liebe)*

**Lied** GL 617,1.4 (Nahe wollt der Herr uns sein)

**Meditation** *Bild einblenden – leise Hintergrundmusik*
In meinem Haushalt gibt es viele Flaschen
aus Glas, Kunststoff oder Metall.
Getränke zur Erfrischung,
Petroleum für eine nostalgische Lampe,
Gas für den Grill werden darin aufbewahrt.
Wir können die Flasche auf Reisen mitnehmen
und in Spanien deutsches Bier
aus dem Kühlschrank des Wohnmobils holen.
Oder wir stellen eine Kerze
in eine besonders schön geformte Flasche
und genießen die romantische Stimmung
angesichts des herabtropfenden Wachses.
Die Flasche gehört ganz selbstverständlich
zu unserem Leben, bereitet uns Freude,
ist ein Geschenk der menschlichen Erfindung.
Die Flasche ist vielseitig verwendbar.

Im Kinderspiel haben wir es den Seeleuten nachgemacht
und Botschaften in eine Flasche gesteckt,
sie wieder verkorkt
und auf dem Wasser schwimmen lassen.
So diente sie der Kommunikation
unter den Menschen
und kostete kein Porto.
Vielleicht sollten wir überhaupt mehr
für die Kommunikation tun,
von Mensch zu Mensch,
an den Freuden und Leiden,
an unserem Leben gegenseitig Anteil nehmen.
Wir könnten der Einsamkeit vorbeugen,
dem Gefühl, nicht gebraucht und vergessen zu sein,
entgegenwirken.

Die Flasche ist nur die Verpackung,
wir kaufen sie wegen des Inhalts.
Er ist uns wichtig.
Ob auch in jeder Flasche drin ist,
was drauf steht?
Wenn Sommeracher Traminer drauf steht,
wie viel Traminer ist wohl drin?
50% oder 35% oder nur 14%?
Und wie viel
wird aus der angegebenen Lage sein,
wie viel billiger Wein hinzugemischt?
Ich kann es nicht beurteilen.
Manchmal gab es auch schon Weinskandale,
da hatte man Gift im Wein gefunden.
Wir hätten es gern,
dass uns reiner Wein eingeschenkt wird.

Doch wie ist bei mir?
Ist bei mir drin, was drauf steht?
Bei mir steht, freilich unsichtbar, „Christ" drauf.
Ist aber auch ein Christ drin?
Oder bin ich eine heimliche Mischung
aus Christ und irgendwas anderem.

Täusche ich mich selbst und die anderen?
Es wäre gut, wenn ich den Menschen
reinen Wein einschenken würde,
wenn ein unvermischter Christ in mir steckte.

„Du bist eine Flasche",
sagen manchmal Leute zu einem anderen.
Das heißt ursprünglich:
Du bist nur Verpackung.
du bist hohl und leer.
„Du bist eine Flasche",
das tut weh,
es kränkt,
es wertet ab.
Darf man so zu einem Menschen sprechen?
Darf man das Abbild Gottes,
darf man den, den Gott unendlich liebt,
als Flasche bezeichnen?

*Stille*

**Besinnung**  Sich selbst als von Gott geliebt anerkennen, einander vergeben, ja lieben: So hat es uns der Apostel Paulus in seinem Abschnitt aus dem Brief an die Kolosser aufgetragen. Wie oft sind wir dieser Weisung nicht gerecht geworden, haben uns nicht der von Gott geschenkten Würde entsprechend verhalten, sind einander unliebsam, vielleicht mit Schmähungen begegnet.
Besinnen wir uns:
- Empfinde ich mich als von Gott geliebtes Kind?
- Bin ich selbst mit mir nachsichtig, kann ich mich ertragen?
- Merken andere etwas davon, dass ich zu Gott gehöre, dass Gott zu mir gehört?
- Sehe ich in anderen Menschen die Würde, die Gott ihnen geschenkt hat?
- Begegne ich ihnen mit Geduld, Milde, Güte?
- Habe ich Erbarmen mit anderen Menschen, denen es nicht gut geht?

Bitten wir Gott und einander um Vergebung für das, wo wir es an Liebe zu Gott, zu uns und zueinander haben fehlen lassen:

**Bekenntnis**  Ich bekenne ... *oder*
GL 7,5

**Vergebungszusage**
Der gute Gott erbarme sich unser. Er kommt uns entgegen als ein guter Vater und verzeiht uns alle unsere Verfehlungen, die wir ihm, uns selbst und anderen gegenüber begangen haben. In Jesus Christus spricht Gott sein Ja und Amen zu uns allen.

**Schriftwort**  Lk 19,1–6
*(Jesus bei Zachäus)*

**Lied**  GL 165,1.3–4 (Sag ja zu mir, wenn alles nein sagt)
*oder*
Sag ja zu dir, so wie du bist (Anhang)

**Vaterunser**  Gott kommt uns entgegen als ein guter Vater, wenn wir uns aufmachen, umkehren und zu ihm heimkehren. So dürfen wir auch zu ihm sprechen:
Vater unser ...

**Friedensgruß**  „In eurem Herzen wohne der Frieden Christi; dazu seid ihr berufen als Glieder des einen Leibes Christi." So haben wir in der Schriftlesung gehört. Sprechen wir uns einander diesen Frieden Christi zu und nehmen wir uns auf diese Weise einander an.

**Gebet und Segen**
Herr, unser Gott, schau auf deine Gemeinde, die gekommen ist, um sich auf dich zu besinnen, neu auf dein Wort zu hören und danach zu leben. Schenke uns dazu die Kraft. Lass deinen Heiligen Geist in uns wohnen und mache uns zu seinem Tempel. Bewahre in uns die Würde, zu der du uns erschaffen hast, und lass uns einst teilhaben an der Herr-

lichkeit deines auferstandenen Sohnes Jesus Christus, der unser Bruder ist und unser Herr in Ewigkeit.

So segne euch (uns) der dreieine Gott, der Vater und der Sohn und der Heilige Geist.

**Lied** GL 637 (Lasst uns loben, freudig loben)

# Kerze
### Jugendliche (Firmung) / Gruppengottesdienst

*Vorbereitung: Ein Korb mit Kerzen; vor dem Altar (oder in der Mitte des Kreises bei einem Gruppengottesdienst) steht eine große Kerze (Altarkerze)*

**Lied**      Ins Wasser fällt ein Stein, 1–2 (Liederbücher)

**Einführung**      „Wo Gottes große Liebe in einen Menschen fällt, da wird die Welt von Licht erhellt." Das gilt auch für uns! Gott will, dass seine Liebe in uns brennt, dass wir ein Licht sind in den Dunkelheiten dieser Zeit. Aber wir alle wissen auch, wie schwierig das ist; oft ist es auch in uns dunkel, wir wissen nicht mehr weiter. Oder wir wollen uns nicht entzünden lassen – aus Angst vielleicht, dass für uns und von uns nicht mehr viel übrig bleibt.

*hinsetzen lassen*

| | |
|---|---|
| *Sprecher/in* | „Halt!", rief die Kerze, als das Zündholz sie anstecken wollte, „wenn du mich anzündest, bin ich bald dahin!" – „Es ist meine Aufgabe, dich anzuzünden, und es ist deine Bestimmung, zu leuchten und Wärme zu verbreiten", antwortete das Zündholz. „Aber das Brennen tut sehr weh, und wenn ich leuchte, schwinden meine Kräfte und meine Größe verliert sich", entgegnete die Kerze.<br>„Du willst doch wohl nicht sinnlos übrig bleiben, den Menschen deines Hauses das Licht und die Freude verweigern und irgendwo kalt gestellt und unbeachtet bleiben. Und denke einmal an mich, mein Leben verlischt noch viel schneller, wenn ich dich anzünde, aber es ist meine einzige Aufgabe, und die will ich auch leben!<br>Im Brennen findest du erst deine Schönheit und einen wunderbaren Glanz, und dein Leben wird ja nicht vernichtet, nur verwandelt und vermehrt", warf das Zündholz ein.<br>Die Kerze schaute sich im weihnachtlich geschmückten Zimmer um, besann sich einen Augenblick und sagte dann voller Erwartung: „Zünde mich bitte an!" |
| *GDL* | In diesem Gottesdienst wollen wir uns fragen lassen, wo wir uns verweigert haben, wo wir uns nicht anzünden lassen wollten, wo wir Gottes Licht nicht weitergetragen haben und es unserem Nächsten schuldig geblieben sind.<br>So lasst uns beten. |
| **Gebet**<br>*MB 307* | Gott. Du suchst Menschen, die von dir sprechen und der Welt deine gute Botschaft weitersagen. Hilf uns, Trägheit und Menschenfurcht zu überwinden und deine Zeugen zu werden – mit unserem ganzen Leben. Darum bitten wir durch Jesus Christus. |
| **Schriftwort** | Mt 5,14–16<br>*(Ihr seid das Licht der Welt)* |

**Meditation**

*(Bild einblenden) – leise Hintergrundmusik*
Vor mir auf dem Tisch steht eine Kerze.
Unbeugsam und aufrecht steht sie da.
Sie hat nichts Besonderes an sich,
keinen Schmuck, keine Modefarbe,
sie ist schlicht nur weiß,
aber unbeugsam und aufrecht.
Sie lässt sich nicht verbiegen,
sie ist wie sie ist
und sie ist schön.
Mit Gewalt nur könnte man sie brechen.

Kann die Kerze ein Bild sein für mich?
Ich schätze Menschen,
die aufrecht im Leben stehen
und sich nicht verbiegen lassen,
die sagen, was sie denken
und denken, was sie sagen,
auf deren Wort und Tat Verlass ist,
die sich nicht verbiegen lassen
durch Vorteilssuche und Bestechung.
Kann die Kerze auch ein Bild sein für mich?

*Kerze anzünden*

Nun habe ich meine Kerze angezündet.
Sie erhellt mein Zimmer
nicht mit grellem, gleißendem Licht,
sondern mit wohltuendem Schein,
der doch den ganzen Raum erfüllt.
In ihrem Licht kann ich mich orientieren.
Kann die Kerze ein Bild sein für mich?

Menschen, die anderen Licht sind
im Dunkel ihres Lebens,
im Suchen nach Sinn und Ziel,
im Suchen nach dem Weg,
sind wertvoller als Gold und Diamanten.
Ein Licht stellt man „auf den Leuchter,
dann leuchtet es allen im Haus" (Mt 5,15).

Kann die Kerze auch ein Bild sein für mich?
Bin ich nicht selbst auf der Suche,
auf der Suche nach einem Licht,
das mir das Ziel zeigt und den Weg?
Einer hat gesagt „Ich bin das Licht der Welt"
(Joh 8,12).
Das kann kein Mensch von sich sagen,
er wäre denn ein Scharlatan.
Das konnte nur der sagen,
der von Gott kam, ja selber Gott war.
Wenn ich ihm nahe bin,
tappe ich nicht mehr im Dunkel,
dann erkenne ich den Sinn,
sehe ich den Weg und das Ziel.

Die Kerze vor mir auf dem Tisch
verbreitet angenehme Wärme.
Kalt ist das Licht aus Scheinwerfern im Studio,
obwohl es uns ins Schwitzen bringt,
wohlig dagegen das Licht der flackernden Kerze.
Es heimelt mich an,
als wär's was Lebendiges,
als wär es ein Du.
Ich fühl mich geborgen
in der Kerze Schein und Wärme.

Kann die Kerze ein Bild sein für mich?
Menschen, die Geborgenheit ausstrahlen,
tun gut, als wär man bei ihnen zuhause.
Kann man bei mir Geborgenheit finden,
kann man bei mir zu Hause sein?

Je länger meine Kerze brennt,
desto kürzer wird sie, sie verbrennt.
Doch nur, indem sie verbrennt,
spendet sie Licht und Wärme.
Es ist ihr Daseinssinn, sich hinzugeben.
Sie muss sich geben, um wertvoll zu sein.
Kann die Kerze auch darin
ein Bild sein für mich?

Kann ich mich geben,
um Licht und Wärme zu spenden
und dadurch wertvoll zu sein für andere
oder will ich mich für mich bewahren?
Dann aber darf ich nicht brennen,
dann kann ich niemandem
Licht geben und Wärme.
Der, an den ich glaube, hat gesagt:
„Wer sein Leben bewahren will,
wird es verlieren" (Mk 8,35a).
Und er, an den ich glaube,
hat sein Leben hingegeben,
damit alle das Leben haben.
Und er hat mich eingeladen,
ihm nachzufolgen.

**Gewissenserforschung**

- Versuche ich, Freude in das Leben der Menschen zu bringen oder lasse ich meine schlechte Laune an ihnen aus?
- Bin ich erfüllt von dem, was das Evangelium verkündet, und sage es weiter?
- Oder ist mir das alles egal, sage ich lieber nichts, schon allein, damit ich nicht ausgelacht werde?
- Beschäftige ich mich mit dem Wort Gottes?
- Versuche ich zu verstehen, warum die Botschaft auch mir gilt?
- Versuche ich, die Botschaft Jesu in meinem Leben umzusetzen?
- Nehme ich mir Zeit für andere? Höre ich ihnen zu, bin ich für sie da? Oder nutze ich andere nur aus?
- Kann man sich bei mir wohlfühlen? Oder will ich mit anderen gar nichts zu tun haben?
- Bin ich ein Licht für andere, versuche ich, ihre Dunkelheiten hell zu machen? Oder verbrennt man sich an mir eher die Finger?
- Erkenne ich, wenn andere mir helfen wollen, lasse ich ihr Licht auf mich wirken oder weise ich sie ab, puste das Licht aus?

- Bringe ich meine Sorgen im Gebet vor Gott oder traue ich ihm nicht zu, dass er mein Leben hell machen kann?

**Bußakt mit Schuldbekenntnis und Vaterunser**

Gott kennt die Dunkelheiten unserer Seele. Er weiß, wo unser Licht fast erloschen ist, wo wir es verstecken, wo wir es nicht nach außen tragen. Aber weil er uns liebt, löscht er den glimmenden Docht nicht aus, sondern will ihn wieder neu entfachen. Wenn wir ihm unser Versagen bekennen, ist der erste Schritt auf dem Weg der Umkehr schon getan. Deshalb wollen wir gemeinsam bekennen:

- Wir sind dem Licht deines Wortes nicht gefolgt.
A Herr, erbarme dich unser.
- Wir haben unser Licht unter den Scheffel gestellt.
Herr …
- Wir haben deine Botschaft nur ungenügend verkündet.
- Wir haben das Leben unserer Mitmenschen nicht erhellt.
- Wir haben zu wenig geliebt.
- Wir haben dir zu wenig vertraut.

Immer wieder ist es uns gesagt worden: Gott freut sich über den Sünder, der umkehrt, über jeden Menschen, der sich ihm zuwendet und einen neuen Anfang machen will. Er ist unser Vater, deshalb beten wir gemeinsam zu ihm:
Vater unser …

**Schriftwort** Joh 1,9–11
*(Das wahre Licht kam in die Welt)*

**Vergebungszusage**

Gott, unser Vater, hat uns unsere Schuld vergeben. Er hat uns seinen Sohn als das Licht der Welt geschenkt, und alle, die ihn aufnehmen, nimmt er auf als seine geliebten Kinder.

**Lied** Lasst uns miteinander (Liederbücher)

**Zeichenhandlung**
Wir haben Vergebung erfahren. Vergebung heißt: Wir können nochmals neu anfangen in unserem Leben, in unserer Familie, mit unseren Mitmenschen, mit Gott. Wir können neu damit beginnen, Licht zu werden für unsere Umwelt. Wer möchte, kann jetzt nach vorne kommen und eine Kerze (an der Osterkerze) entzünden. Gehen wir die ersten Schritte nach unserer Umkehr, lassen wir uns neu entzünden von Christus, dem Licht der Welt. Werden wir selber Licht.

**Lied** Mache dich auf und werde Licht (Liederbücher)
*Dazu kommen die Teilnehmer/innen des Gottesdienstes nach vorne, erhalten eine Kerze und entzünden sie. Wo es möglich ist, könnte sich eine Lichterprozession durch den Raum anschließen, während der das Lied im Kanon immer weiter gesungen wird.*
*Eine andere Möglichkeit: Die Kerzen werden verteilt; der Leiter des Gottesdienst nimmt das Licht von der (Oster-)Kerze und reicht es weiter. Dann können alle auf ihren Plätzen bleiben.*

**Gebet** Gott, du hast uns Vergebung geschenkt, du hast unser Inneres mit dem Licht deiner Gnade erfüllt. Bleibe bei uns, lass es nicht erlöschen und zeige uns die Wege, wie wir es weitergeben können. Darum bitten wir durch Christus, den du als Licht in unsere Dunkelheit gesandt hast, deinen Sohn, unseren Bruder und Herrn.

**Entlassung und Segen**
Lasst euer Licht, das Gott heute neu in euch entzündet hat, in der Welt leuchten!
Dazu segne euch der Vater und der Sohn und der Heilige Geist.

**Lied** Tragt in die Welt nun ein Licht (Liederbücher)

# Stundenglas
WÄHREND DES JAHRES

Foto: Peter Klever

**Lied** GL 292,1–2 (Herr, dir ist nichts verborgen) *oder* Wir kommen und gehen (Liederbücher)

**Gruß** Der ewige Gott, der weiß, woher wir kommen und wohin wir gehen, sei mit euch allen (ist mit uns heute und in Ewigkeit).

**Einführung** Zeit ist Geld, heißt es. Zeit ist ein knappes Gut – nicht nur in der Geschäftswelt. Auch für uns in unserem privaten Leben. Unsere Lebenszeit ist begrenzt. Und deshalb kostbar. Doch wie gehen wir mit der Zeit, die uns hier geschenkt ist, um? Wofür geben wir sie aus, wem geben wir sie weiter oder in was investieren wir sie? Welchen Sinn geben wir diesem Leben? Nutzen wir das Geschenk so, dass es dem Geber, dem ewigen Gott, gefällt?

*Stille*

| | |
|---|---|
| **Gebet**<br>MB 316 | Ewiger Gott. Die Tage zerrinnen uns zwischen den Händen. Unser Leben schwindet dahin. Du aber bleibst. Gestern und heute und morgen bist du derselbe. Von Ewigkeit her kennst du uns. Unsere Zukunft liegt in deiner Hand. Mach uns bereit für alles, was du mit uns tun wirst. Darum bitten wir durch Jesus Christus. |
| **Lesung** | Lk 12,16–21<br>*(Gleichnis vom reichen Mann)* |
| **Gesang** | Ps 90; GL 736,1.2 (VV. 1–4.10.13) |

**Hinführung zur Meditation**

Was macht mich vor Gott reich? Womit verbringe ich meine Zeit? Meine Zeit, die so schnell vergeht, die nicht festzuhalten ist, unter deren Vergänglichkeit ich nicht selten leide. Blicken wir auf die Sanduhr, die das Vergehen der Zeit so augenfällig macht.

**Meditation**

*Bild einblenden – leise Hintergrundmusik*
Zwei birnenförmige Gläser
gegeneinander gestellt,
an ihren Spitzen miteinander verbunden.
Das obere Glas, mit Sand gefüllt,
entleert sich,
während der Sand in das untere fließt.
Wenn man die Sanduhr umdreht,
beginnt das Spiel von Neuem.
In dem Maße,
in dem sich das eine Glas leert,
füllt sich das andere.
Dabei wird mir bewusst,
wie die Zeit vergeht,
denn mit dem Sand fließt die Zeit.
Für alles gibt es eine Zeit,
für das Glück und für das Leid,
für die Freude und für die Trauer,

für Erfolg und für Misserfolg.
Wie ich die Zeit nicht festhalten kann,
so auch nicht die Erfahrungen des Lebens,
weder erfreuliche noch betrübliche.
Alles vergeht.

Alles vergeht,
aber nicht die Erinnerung.
In ihr sind die Erfahrungen
und mit ihnen die Zeit,
aufbewahrt.
Gute und schlechte Erfahrungen,
Erinnerungen, Zeiten.
Aus den Erfahrungen kann ich lernen.
Welche Worte, welche Verhaltensweisen
haben zu guten Erfahrungen geführt,
welche zu unerfreulichen?
Aus Erfahrung wird man klug.

Doch trügerisch ist die Sanduhr.
Zwar lehrt sie mich
die Vergänglichkeit der Zeit,
doch wenn ich sie umdrehe,
beginnt das Spiel von Neuem.
Nicht so in Wirklichkeit!
Abgelaufene, vergangene Zeit
kann ich nicht zurückholen.
Vorbei ist vorbei!

Wie gehe ich mit meiner Zeit um?
Versäume ich die Zeit
oder nütze ich sie?
Vergeude ich sie
oder genieße ich sie?
In den Totentanzdarstellungen
der Renaissance- und Barockzeit
hat man dem Tod
eine Sanduhr in die Hand gegeben
und sie Stundenglas genannt.
Das untere Glas war voll.

Das heißt:
Deine Lebenszeit ist abgelaufen.
Dann erhält die Frage besonderes Gewicht:
Was habe ich mit meiner Zeit getan,
wie und wozu habe ich sie verwendet,
genützt oder vertan?
„Haltet euch bereit!
Denn der Menschensohn kommt zu einer Stunde,
in der ihr es nicht erwartet" (Mt 24,42).

**Lied**  Jetzt ist die Zeit, jetzt ist die Stunde (Liederbücher)

**Gewissenserforschung**

Wir wissen nicht, wann unser Stundenglas voll ist, wann unsere Lebenszeit abgelaufen ist – das weiß nur Gott allein. Aber wir können jetzt und heute innehalten, können uns fragen, ob wir bereit wären, wenn Jesus jetzt käme und uns fragte: Was hast du getan mit deiner Zeit, deinem Leben, das dir anvertraut ist?

So wollen wir uns fragen lassen:

- Jesus sagt: „Hütet euch vor jeder Art von Habgier." Habgier bezieht sich nicht nur auf Geld und Gut. Genauso habgierig kann ich im Bereich von Anerkennung, von Beziehungen, von Glücksstreben sein. – Wonach strebe ich?
- Horte ich das, was ich eigentlich nicht brauche, lege ich immer neue Speicher an oder gebe ich von meinem Wissen, meinem Geld, meiner Liebe, meiner Zeit weiter an andere, die es nötig haben?
- Wo sind meine Schätze? Sammle ich sie nur hier an oder habe ich auch einen Schatz im Himmel? Wie wichtig ist mir Gott und seine Gebote?
- Wie gehe ich mit meiner Zeit um? Nutze ich sie, um anderen zu helfen, oder sehe ich zu, dass ich sie nur für mich nutze? Habe ich Zeit für meine Mitmenschen, höre ich zu, sehe ich, wo ich gebraucht werde, und setze mich für andere ein?

- Nehme ich mir Zeit für Gott? Richte ich meinen Tag, mein Leben nach ihm aus oder lasse ich mich von den Uhren der Welt bestimmen?
- Was tue ich alles um Gottes Willen? Und was unterlasse ich?
- Wo habe ich es versäumt, die Botschaft Christi in meinem Leben umzusetzen?

**Schuldbekenntnis**

Wir bekennen: Wir haben unsere Zeit nicht so genutzt, wie es Gott von uns erwartet.
Herr, erbarme dich.
Wir bekennen: Wir haben unsere Schätze nicht im Himmel gesammelt.
Herr, erbarme dich.
Wir bekennen: Wir haben zu wenig geliebt – Gott und den Nächsten.
Herr, erbarme dich.

*Stille*

**Schriftwort** Mk 6,35–42
*(Brotvermehrung)*

**Vergebungszusage**

Der ewige Gott hat sich unser erbarmt. Er hat seinen Sohn in diese Welt und Zeit gesandt, um uns teilhaben zu lassen an seinem Reich, das kein Ende hat. Im Teilen des Brotes teilt er sich uns mit und schenkt uns aus seiner Gnade die Fülle des Lebens.

**Lied** GL 637 (Lasst uns loben, freudig loben)

**Vaterunser** Gott hat uns angenommen als seine geliebten Kinder. So dürfen wir zu ihm rufen und ihn bitten: Vater unser ...

**Gebet** Gott, du bist der Anfang und das Ende, du bist der Herr der Zeit. Dir verdanken wir unser Leben. Hilf uns, dass wir dir in unserem Leben mit der geschenkten Zeit aufrichtig dienen und sie einander weiterschenken als Zeichen deiner Nähe. Darum bitten wir durch Jesus Christus, unseren Bruder und Herrn.

**Segen und Entlassung**
Es segne uns der ewige Gott, der Vater und der Sohn und der Heilige Geist.

**Lied** Sein ist die Zeit (Anhang)

# Scherbenhaufen
ADVENT

Foto: Fritz Aperdannier

*Am Eingang erhält jeder eine Scherbe (z. B. von Blumentöpfen. Achtung: scharfe Kanten entgraten!) Diese werden dann beim Bußakt zusammengetragen zu einem „Scherbenhaufen".*

**Lied** GL 106 (Kündet allen in der Not)

**Begrüßung** Der Gott Jesu Christi, der unser Leben heil machen will, sei mit euch!

**Einführung** „Allen Menschen wird zuteil Gottes Heil!" Wir bereiten uns in der Zeit des Advents auf die Ankunft Christi vor, auf den Messias, den Heiland aller Welt. Er ist gekommen, um uns mit Gott zu versöhnen. An uns liegt es, auf dieses Angebot zu antworten, umzukehren zu ihm, ihm unsere Schuld zu bekennen in der Gewissheit, dass er uns vergibt und die

Wunden unserer Seele heilen wird. – Doch hören wir zunächst eine kleine Geschichte.

*sich setzen lassen*

Sprecher/in  Ein kleiner Junge ist stolz auf seinen Großvater, der Krippenfiguren schnitzt. Fasziniert schaut er zu, wie aus einem Stück Holz „lebendige" Gestalten entstehen. Der Junge vertieft sich so in die Welt der geschnitzten Figuren, dass sich seine Gedanken vermischen: Er geht mit den Hirten und Königen in den Stall und steht plötzlich vor dem Kind in der Krippe. Da bemerkt er: Seine Hände sind leer! Alle haben etwas mitgebracht, nur er nicht. Aufgeregt sagt er schnell: „Ich verspreche dir das Schönste, was ich habe! Ich schenke dir mein neues Fahrrad – nein, meine elektrische Eisenbahn."
Das Kind in der Krippe schüttelt lächelnd den Kopf und sagt: „Ich möchte aber nicht deine elektrische Eisenbahn. Schenke mir deinen – letzten Aufsatz!"
„Meinen letzten Aufsatz?", stammelt der Junge ganz erschrocken, „aber da steht doch ... da steht ‚ungenügend' drunter!"
„Genau deshalb will ich ihn haben", antwortet das Jesuskind. „Du sollst mir immer das geben, was ‚nicht genügend' ist. Dafür bin ich in die Welt gekommen!"
„Und dann möchte ich noch etwas von dir", fährt das Kind in der Krippe fort, „ich möchte deinen Milchbecher!" Jetzt wird der kleine Junge traurig: „Meinen Milchbecher? – Aber der ist mir doch zerbrochen!" „Eben deshalb will ich ihn haben", sagt das Jesuskind liebevoll, „du kannst mir alles bringen, was in deinem Leben zerbricht. Ich will es heil machen!"
„Und noch ein Drittes möchte ich von dir", hört der kleine Junge die Stimme des Kindes in der Krippe, „ich möchte von dir noch die Antwort haben, die du deiner Mutter gegeben hast, als sie dich fragte, wieso denn der Milchbecher zerbrechen konnte."

Da weint der Junge. Schluchzend gesteht er: „Aber da habe ich doch gelogen. Ich habe der Mutter gesagt: „Der Milchbecher ist mir ohne Absicht hingefallen." Aber in Wirklichkeit habe ich ihn ja vor Wut auf die Erde geworfen."

„Deshalb möchte ich die Antwort haben", sagt das Jesuskind bestimmt, „bring mir immer alles, was in deinem Leben böse ist, verlogen, trotzig und gemein. Dafür bin ich in die Welt gekommen, um dir zu verzeihen, um dich an die Hand zu nehmen und dir den Weg zu zeigen."

Und das Jesuskind lächelt den Jungen wieder an. Und der schaut und hört und staunt.

*nach einer Kurzgeschichte von Walter Baudet*

**GDL** Was uns in dieser Geschichte erzählt wurde, ist nichts anderes als das, wovon auch die Evangelien sprechen und was uns immer wieder zugesagt wurde: Wenn wir unsere Nöte, unsere Schwierigkeiten, unsere Schuld vor Gott bringen, wird er uns vergeben und unsere Seele heilen.

Auf diese Zusage bauend wollen wir uns ihm nun zuwenden und ihm das, was in unserem Leben zerbrochen ist, bringen.

Werden wir nun still, sammeln wir uns, öffnen wir uns dem Anruf Gottes und seiner Barmherzigkeit.

*Stille*

**Gebet** Lasset uns beten. Gott, barmherziger Vater. Vieles in unserem Leben ist zerbrochen, weil wir nicht auf deine Weisung gehört haben. Wir wollen umkehren zu dir, heile du, was krank ist, was uns quält, was verwundet und unheil ist. Darum bitten wir durch deinen Sohn und unseren Bruder, Jesus Christus, der mit dir lebt in Ewigkeit.

**Lesung** Ijob 10,1–9
*(Ijobs Klage)*

**Antwortpsalm** Ps 22; GL 126 *mit* GL 716,2

**Hinführung zur Meditation**

„Scherben bringen Glück", pflegt der Volksmund zu sagen. Haben wir Ihnen da zu Beginn einen Glücksbringer in die Hand gegeben? Die Scherben, die Sie bekommen haben, stammen von Blumentöpfen – Gefäße, die eigentlich ganz robust aussehen, und die, mit Erde gefüllt, Lebensraum für Pflanzen verschiedenster Art sein können. Doch der Schein trügt: Der poröse Ton, aus dem sie gefertigt sind, zerbricht leicht, wenn so ein Topf von der Fensterbank fällt oder umgestoßen wird. Und schon blicken wir auf einen Scherbenhaufen.

Geht es uns nicht auch manchmal so? Es muss ja nicht gleich das ganze Leben kaputt sein wie bei Ijob, dem wohlhabenden und tieffrommen Mann, der nach einer Reihe von Katastrophen nun auf dem Scherbenhaufen seines sitzt und klagt. Oft genügt es ja schon, dass wir durch eine ungeschickte Bemerkung einen Menschen gekränkt haben, dass eine Beziehung dadurch zerbrochen ist, dass Vertrauen zerstört wurde.

**Meditation**

*Bild einblenden – leise Hintergrundmusik*
Zerbrochene Tonplatten,
wohl aus einem Gebäudeabriss,
wertlos und unbrauchbar,
nur noch Schutt, der auf den Abtransport wartet.

Kann das ein Bild sein für mein Leben?
Nicht für alles,
aber vielleicht für manches.
Da steht ein junger Mensch
am Ende des Schuljahres
vor dem Scherbenhaufen seiner Leistungen:
Klassenziel nicht erreicht.
Da verliert jemand seinen Arbeitsplatz
und findet keinen neuen:
arbeitslos.

Da ist eine Freundschaft zerbrochen,
die einem/einer so viel bedeutet hat.
Da ist eine Ehe gescheitert,
in die man alles investiert hat.
Da hat ein Kind seine Eltern verloren,
steht fassungslos und hilflos da.
Da hat eine Familie durch eine Naturkatastrophe
oder durch Überschuldung
ihr Haus verloren.

Es gibt viele Scherbenhaufen
im Leben der Menschen.
Sie lassen sich nicht alle aufzählen.
Immer gibt es zwei Möglichkeiten der Reaktion:
Verzweiflung, sich hängen lassen,
aufgeben, verbittert werden
oder sich aufrichten,
den Blick nach vorne wenden,
die Zukunft tatkräftig und mutig anpacken.
Es gibt immer einen Weg in die Zukunft.
Auch in Tagen des Scherbenhaufens
dürfen wir das Wort des Herrn
auf uns beziehen:
„Richtet euch auf und erhebt euer Haupt,
denn eure Erlösung ist nahe" (Lk 21,28).

Viele Scherbenhaufen
gründen in menschlicher Schuld.
Schuld kann vergeben werden,
dann ist ein Neuanfang möglich.
Die Scherben werden weggeräumt,
Vergebung und Vertrauen
ermöglichen einen neuen Start.
Ich kann auch vor den Scherben
meiner eigenen Schuld stehen.

Wir können auch aus Scherben Nutzen ziehen.
In der Antike verwendeten die Menschen
Tonscherben als Schreibmaterial.

Aus manchen Scherben,
die wir angerichtet haben,
können wir lernen,
um beim nächsten Versuch
erfolgreicher zu sein.

Meine Schuld kann auch andere betreffen.
Dann muss ich auf Vergebung hoffen
und selbst zu meiner Schuld stehen.

Sicher aber darf ich sein,
dass Gott mir vergeben wird,
wenn ich den Weg zu ihm gehe
und zu neuem Anfang bereit bin.
Er hat es uns immer wieder gesagt.
Gott gibt keinen verloren.

**Gewissenserforschung**
In Stille denken wir darüber nach, was in unserem Leben in der letzten Zeit zerbrochen ist, wo es durch unsere Schuld zu Scherben kam, wo wir versagt haben im Miteinander.

*Zeit der Stille, evtl. leise Musik*

Wir wollen nun mit den Worten des Psalmisten unsere Schuld bekennen

**Reuegebet**   Ps 51; GL 190,1.2 – *gemeinsam abwechselnd beten*

**Zeichenhandlung und Schuldbekenntnis**
„Du kannst mir alles bringen, was in deinem Leben zerbricht. Ich will es heil machen", sagt das Christkind in unserer Geschichte vom Anfang zu dem kleinen Jungen. Als Zeichen unserer Umkehr zu Gott bringen wir unsere Scherben an den Altar. In Gedanken möge jeder Gott sagen, was er ihm bringt, wofür er um Verzeihung bittet.

*Die Scherben werden nach vorne gebracht, die Teilnehmer/innen legen sie vorne als Zeichen der Schuld ab.*

**Schriftwort** Lk 4,16–21
*(Der Geist des Herrn ruht auf mir)*

**Vergebungszusage**

Gott, unser Vater, hat sich unser erbarmt. Er hat Jesus Christus, seinen Sohn, in unsere Welt gesandt, um unsere zerbrochenen Herzen zu verbinden und die Zerschlagenen heil zu machen. Ihm sei Ehre, Dank und Lob in Ewigkeit.

**Lied** GL 264 (Mein ganzes Herz erhebet dich) *oder* Singe, singe vor Freude (Liederbücher bzw. Anhang)

**Vaterunser** Die Scherben unseres Lebens fügen sich nicht wieder zusammen, als seien sie nie zerbrochen. Aber wir sind, wie wir sind, von Gott als seine geliebten Kinder angenommen. So dürfen wir zu ihm beten: Vater unser ...

**Friedensgruß** Gott vergibt uns unsere Schuld, wie auch wir vergeben unseren Schuldigern. So geben wir uns ein Zeichen seines Friedens und der Versöhnung.

**Gebet** Guter Gott, wir danken dir, dass du barmherzig bist. Du gibst uns den Mut umzukehren, und die Kraft, neu anzufangen. Lass uns aus diesem Glauben an dich leben und so der Welt Zeugnis geben von dir. Darum bitten wir durch Jesus Christus, deinen Sohn, unseren Heiland, Bruder und Herrn.

**Segen und Entlassung**

Gott, der die zerbrochenen Herzen heilt, sei mit euch auf allen euren Wegen, und segne euch – er, der Vater und der Sohn und der Heilige Geist.

**Lied** GL 111 (Die Nacht ist vorgedrungen)

# Umleitung – Sackgasse
## Fastenzeit

Fotos: Werner Eizinger

*Anregung:*
*Wo es möglich ist, den Eingang zur Kirche absperren und das Verkehrsschild „Sackgasse" anbringen. Mit Umleitungsschildern die Gottesdienstteilnehmer/innen zu einem Nebeneingang leiten.*

| | |
|---|---|
| **Lied** | GL 292,1–2 (Herr, dir ist nichts verborgen) |
| **Einführung** | Nicht nur im Straßenverkehr, auch im Leben haben wir oft das Gefühl, in einer Sackgasse gelandet zu sein! Hier wie dort hilft dann nur – umkehren. Einen neuen Weg suchen. Auch wenn das manchmal wie eine Umleitung erscheint. Wir bereiten uns in diesen Wochen auf das Osterfest vor. Wir sind eingeladen, unser Leben unter die Lupe zu nehmen, uns zu fragen, ob wir auf dem richtigen Weg sind oder ob wir nicht bald in einer Sackgasse landen. So lasst uns still werden und unsere Gedanken auf Gott ausrichten. |
| | *Stille* |
| **Gebet**<br>*MB 86* | Gott, unser Heil, gib uns die Gnade, umzukehren zu dir. Erleuchte unseren Verstand und stärke unseren Willen, damit uns diese Zeit der Buße zum Segen wird. Darum bitten wir durch Jesus Christus. |
| **Lesung** | Lk 15,11–20a<br>*(Gleichnis vom umkehrenden Sohn)* |

**Hinführung zur Meditation**

Das kann man wohl nicht anders als „Sackgasse" nennen, die Situation, in die der junge Mann da gekommen ist. Sitzt bei den Schweinen und frisst ihr Futter. So weit ist er gesunken, so sehr hat er sich verlaufen, der Sohn des reichen Bauern. Er hat nicht auf seinen Weg geachtet, hat sich blenden lassen. Erst ganz am Ende angekommen, fasst er den schweren Entschluss umzukehren, bei seinem Vater anzuklopfen. Ganz klein ist er geworden, er, der einst stolz auf seinem Pferd davongesprengt war, die Welt zu erobern.

Wir wollen über die Umwege und Sackgassen, in die *wir* in unserem Leben geraten sind, nachdenken, unser Gewissen erforschen und danach unsere Schuld bekennen.

## Bildmeditation und Gewissenserforschung

*Bild einblenden – leise Hintergrundmusik*
Ein gelber Pfeil
mit schwarzer Aufschrift „Umleitung".
Das Schild steht da zur Sicherheit der Bauarbeiter
und zur Orientierung der Verkehrsteilnehmer.
Dennoch erregt es bei diesen Ärger,
denn Umleitung bedeutet immer Umweg,
Zeitverlust, höheren Spritverbrauch.
Trotzdem ist es klug, dem Schild Folge zu leisten.
Umleitung fordert Geduld.
Auf blauem Schild stößt eine schwarze Linie
auf einen roten Querbalken: Sackgasse.
Eine Sackgasse führt nicht weiter.
Bin ich doch hineingeraten
und erkenne, dass in ihr nicht mein Ziel liegt,
bleibt nur noch die Umkehr.

Der Mensch muss öfter im Leben
Umleitungen einschlagen,
Umwege gehen, umkehren,
nicht nur im Straßenverkehr.
Schüler, Auszubildende, Studenten
müssen Umwege beschreiten,
wenn sie erkennen,
dass die erstgewählte Ausbildungsrichtung
verkehrt gewesen ist.
Dann ist Geduld wichtig.
Der junge Mann, die junge Frau
müssen neue Wege gehen,
sobald sie erkennen,
dass ihre Verliebtheit ein Irrtum war.
Dann ist Geduld nötig.
Erzieher müssen eine Umleitung wählen,
wenn sie erkennen,
dass ein beschrittener Erziehungsweg
nicht erfolgreich ist,
sondern in die Sackgasse führt.
Geduld ist nötig.
Wenn der Kletterer am Berg erkennt,

dass die eingeschlagene Route
nicht zu schaffen ist
und zur Sackgasse wurde,
wird er klugerweise eine „Umleitung" wählen,
um den Gipfel zu erreichen.
Oder er muss umkehren
und einen völlig neuen Einstieg suchen.
Geduld ist nötig.
Der Firmenchef muss eine „Umleitung" wählen,
wenn er erkennt,
dass eine Verkaufsidee nicht einschlägt.
Er muss umdenken
und sich einen neuen Weg überlegen.
Er braucht Geduld.
Umleitungen und Sackgassen
sind immer Umwege,
erfordern immer ein Umdenken
und verlangen uns Geduld ab.

Ich brauche oft Geduld mit anderen Menschen.
Was nützt es,
dass ich es gut mit ihnen meine,
wenn sie es nicht verstehen
oder nicht glauben wollen?
Oft will ich helfen,
aber was nützt es,
wenn die Hilfe nicht angenommen wird?
Es kommt auch vor,
dass ich abgewiesen werde,
weil ich mich ungeschickt
oder falsch benommen habe.
Ich muss umdenken.
Ich ärgere mich über das Fehlverhalten anderer.
Ich muss Geduld mit ihnen haben,
sonst nehme ich ihnen den Mut
und die Chance, sich zu ändern.

Ich brauche viel Geduld mit mir selber.
Denn immer wieder falle ich
in alte Fehler zurück.

Es fällt mir schwer,
verkehrte Gewohnheiten abzulegen.
Das macht anderen
das Zusammenleben mit mir schwer.
Doch ändern kann ich mich nur,
wenn ich bereit bin umzukehren
und wenn ich Geduld mit mir habe.
Wenn mir die Geduld ausginge,
bliebe ich derselbe, der ich bin.
Fortschritt wäre unmöglich.

Gott braucht viel Geduld mit mir.
Wie oft versage ich!
Wie oft drücke ich mich,
seinen Willen zu erfüllen,
die Weisung der Nächstenliebe,
die Weisung der rechten Selbstliebe
und die der Gottesliebe!
Immer wieder sündige ich
und lade Schuld auf mich.
Zum Glück hat Gott Geduld mit mir,
viel Geduld.
Immer wieder gibt er mir
die Chance zum Umdenken,
zur Umkehr, zum Neuanfang.
Und dann mein erneutes Versagen.
Und wieder hat Gott Geduld mit mir.
Nehme ich die Chancen, die er mir gibt,
auch wahr?
Oder bin ich so weit gekommen,
dass ich seine Geduld nur noch ausnützen will?
Wo wäre dann meine Gottesliebe geblieben?
Die Konsequenz:
Nie aufgeben,
nie in der Sackgasse stecken bleiben,
immer wieder neu anfangen
mit der Umkehr.

*Stille*

**Schuldbekenntnis**
GL 169 (O Herr, aus tiefer Klage – *evtl. sprechen*)

**Schriftwort**  Lk 15,20b–24
*(Gleichnis vom barmherzigen Vater)*

**Vergebungszusage**
Gott, unser guter Vater, hat sich unser erbarmt. Er ist uns entgegengekommen, um uns wieder bei sich aufzunehmen. Er will uns mit dem Gewand seines Sohnes umkleiden und uns zu Miterben machen in seinem Reich, in dem er lebt und liebt von Ewigkeit zu Ewigkeit.

**Lied**  Wie ein Fest nach langer Trauer (Liederbücher) *oder* GL 292,3

**Vater unser**  Wir wollen zu unserem himmlischen Vater beten, wie Jesus es uns gelehrt hat: Vater unser …

**Friedensgruß**  Den Frieden Gottes, den wir in seiner Vergebung der Sünden erfahren haben, wollen wir einander weitergeben und zusagen.

**Schlussgebet**  Gott, unser Vater, wie der verlorene Sohn stehen wir manchmal vor dir. Wir haben versucht, einen eigenen Weg zu gehen, und dann gemerkt, dass wir uns immer weiter entfernen von dir und dem, was gut ist für uns. Du lässt uns deine Liebe spüren, die nicht darauf achtet, was war, die uns nimmt, wie wir sind, und uns aufnimmt, wo wir zuhause sind. Dafür danken wir durch Jesus Christus, deinen Sohn, unseren Bruder und Herrn.

**Entlassung und Segen**
Geht, gebt weiter und lebt, was ihr heute empfangen habt: Die Botschaft von der vergebenden Liebe Gottes. Dazu segne euch der dreieine Gott, der Vater und der Sohn und der Heilige Geist.

**Lied**  GL 292,5

# Kran
## Jugendliche (Firmung)

Foto: Monika Fuchs

**Lied**  Einer hat uns angesteckt, 1.3 (Liederbücher)

**Einführung**  Was tragen wir nicht den ganzen Tag so mit uns herum, was schleppen wir nicht alles durch die Gegend! Schultaschen, Aktenmappen, Einkaufstüten und manchmal sogar den Mülleimer. Aber das sind ja nur die Lasten, die man sieht! Mit so manchem placken wir uns auch noch innerlich herum: schlechte Schulnoten, Liebeskummer, Angst vor Arbeitslosigkeit, Unsicherheit bei der Berufswahl, Streit mit den Eltern ... Euch fällt sicher noch manches mehr dazu ein. Wie gut, wenn es dann Menschen gibt, denen man sich anvertrauen kann, die verständnisvoll zuhören, die helfen, diese Last zu tragen. Doch auch wir sollen und können solche „Lastenträger" sein. Nehmen wir diesen Dienst am Mitmenschen und an der Gemeinschaft wahr oder drücken wir uns lieber? Im heutigen Gottesdienst wollen wir uns dieser Frage ehrlich stellen und unser Gewissen erforschen. Christus, der unsere Lasten tragen will, wird sich unser erbarmen.

**Kyrie-Rufe** GL 523 (Du rufst uns, Herr)

**Gebet**
*MB 318*

Du, der du uns deinen Namen genannt und uns Mut gemacht hast, dich anzusprechen, wir kommen zu dir und sagen: Gott, unser Vater, wir danken dir, dass du für uns da bist. Hilf uns, dass auch wir für dich leben – und für die Menschen, in denen du uns begegnest. Darum bitten wir durch Jesus Christus.

**Schriftlesung** Gal 6,2–5
*(Einer trage des Anderen Last)*

**Lied** GL 622 (Hilf, Herr, meines Lebens)

**Meditation** *leise Hintergrundmusik*
Ein Pfeiler und ein ausladender Arm aus Stahl
können gewaltige Lasten
heben, transportieren,
an den gewünschten Ort befördern.
Der Kran nimmt uns schwere Arbeit ab.
Er wird dabei nicht müde,
leidet nicht bei seiner Arbeit,
beugt sich auch nach Jahren
nicht unter seiner Last.

Menschen, die hart arbeiten müssen,
sind abends müde und erschöpft,
brauchen Erholung.
Nach einem arbeitsreichen Leben
gehen sie oft gekrümmt,
weil die Wirbelsäule gelitten hat.
Dank der Technik wurde uns Menschen
viel Arbeit abgenommen.
Die gekrümmten Menschen wurden seltener.

Doch immer noch tragen Menschen schwer
an Lasten, die ihnen auferlegt sind.
Wir werden einander zur Last
ohne eigene Schuld.
Das behinderte Kind,
die pflegebedürftigen Eltern
schränken unseren Lebensraum ein.
Doch es kommt darauf an,
wie wir zu solchen Lasten stehen.
Ein 14jähriger,
der einen kleineren, behinderten Jungen
über die Straße schleppte
und von einer Passantin
wegen seiner Last bedauert wurde,
gab trotzig zur Antwort:
„Das ist keine Last, das ist mein Bruder."
Die Liebe gibt uns eine andere Einstellung
zu unseren Lasten.
Das ist so in der Familie,
aber auch im Beruf oder in der Schule.
Ich muss nur bedenken,
für wen ich es tue.

Wir laden einander
auch unnötige Lasten auf.
Unsere Faulheit und Bequemlichkeit,
unsere Rechthaberei oder Herrschsucht,
unser Trotz und unsere Empfindlichkeit,
unsere Eitelkeit oder Eifersucht,
all unser Egoismus,
eben unsere Laster,
können denen, die mit uns zusammen
leben oder arbeiten, zur Last werden.
Und umgekehrt können die anderen
uns zur Last werden,
die unsere Lebensfreude mindert
und unser Zusammenleben erschwert.
Manchmal leiden wir vielleicht
auch an uns selbst.

Wir sind nicht zufrieden mit uns,
erkennen unsere Mängel,
ja unsere Schuld.
Wir wollen ehrlich sein
und die Verantwortung dafür
nicht auf andere abschieben.
Wir stehen zu uns
und tragen an uns.
Wir sollten uns nicht überfordern,
wie wir auch andere nicht überfordern dürfen.
Wir müssen lernen, uns anzunehmen
trotz Mängel und Versagen.

„Kommt alle zu mir, die ihr euch plagt
und schwere Lasten zu tragen habt.
Ich werde euch Ruhe verschaffen.
Nehmt mein Joch auf euch und lernt von mir;
denn ich bin gütig und von Herzen demütig;
so werdet ihr Ruhe finden für eure Seele.
Denn mein Joch drückt nicht
und meine Last ist leicht."

Wieso ist die Last,
die Jesus uns auferlegt, leicht?

Alle Gebote, die der Herr uns gibt,
fordern nur eines von uns:
Liebe.

Wenn ich den anderen liebe,
trage ich ihn,
ohne unter der Last zu leiden.

Wenn ich den andern liebe,
will ich vermeiden,
ihm zur Last zu werden,
und bürde ihm keine
unnötigen Lasten auf.
Wenn ich mich liebe,
sage ich Ja zu mir

und nehme an mir an,
was ich nicht zu ändern vermag.

Wenn wir gelernt haben,
unsere eigene Last zu tragen
und, wenn einer überfordert ist,
auch des anderen Last mitzutragen,
dann hat die Liebe gesiegt.

**Lied** Selig seid ihr (Liederbücher)

**Gewissenserforschung**

Wir wollen nun unser Gewissen erforschen und darüber nachdenken, wo wir anderen zur Last geworden sind, wo wir anderen nicht beim Tragen geholfen haben, wo wir zuwenig geliebt haben. Einige Impulse sollen uns dabei helfen.

- Gehe ich mit offenen Augen durch die Welt und sehe die Not der Anderen? Oder schaue ich weg, sehe nur mich und meine Sorgen?
- Lasse ich mir von anderen helfen? Oder meine ich, dass sie meine Sorgen nichts angehen?
- Beteilige ich mich an gemeinsamen Aktionen in der Gemeinde, bringe ich meine Fähigkeiten ein? Oder behalte ich mein Können für mich?
- Suche ich im Gebet das Gespräch mit Gott, traue ich ihm zu, dass er meine Lasten mitträgt oder meine ich, dass mir sowieso niemand helfen kann und will, am wenigsten Gott?
- Bemühe ich mich um Verständnis für andere, auch wenn mir ihre Position fremd ist? Oder lasse ich nur meinen Standpunkt gelten?
- Was ist mir wichtig im Leben? Äußerlichkeiten wie gutes Aussehen und das richtige Outfit? Oder haben auch innere Werte bei mir eine Chance, Hilfsbereitschaft zum Beispiel?
- Bin ich sensibel dafür, wenn andere Hilfe brauchen, auch wenn sie es nicht direkt sagen? Biete ich dann meine Hilfe an oder denke ich: „Geht mich nichts an!"?

- Beschäftige ich mich mit der Botschaft Jesu, höre ich sie in der Kirche gut an, lese ich in der Bibel, um immer besser zu verstehen, worum es beim Christentum geht? Oder ist mir das eigentlich alles egal?

*Stille*

Guter Gott, je länger wir darüber nachdenken, desto mehr wird uns klar, wo wir gegen deine Gebot der Gottes- und Nächstenliebe verstoßen haben, wo wir uns von deiner Liebe abgewandt haben, wo wir sie nicht weitergegeben haben. Wir wollen dir unsere Schuld bekennen:

**Bekenntnis** GL 56,5 *oder*
GL 311 (Mit lauter Stinme rufe ich zum Herrn)

**Schriftlesung** Mt 11,26–30
*(Kommt alle zu mir, die ihr schwere Lasten tragt)*

**Vergebungszusage**
Gott, unser Vater, hat sich unser erbarmt. Er hat uns seinen Sohn Jesus Christus gesandt, der unsere Lasten auf sich nahm, um uns Ruhe der Seele zu verschaffen. Jesus Christus hat auch unsere Sünden auf sich genommen und an das Kreuz getragen. In ihm danken wir Gott, der unser Vater ist in Ewigkeit.

**Lied** GL 272,3–4 (Singt das Lied der Freude)

**Vaterunser**

**Friedensgruß** Gott vergibt uns unsere Schuld, wie auch wir unseren Schuldigern vergeben. So wollen wir uns ein Zeichen dieser Vergebung, des Friedens und der Versöhnung geben.

| | |
|---|---|
| **Schlussgebet** | Gott, unser Vater, du hast unseren Willen um Versöhnung und Vergebung gehört. Wir wollen versuchen, es in Zukunft besser zu machen, aufmerksamer sein für dich und unsere Mitmenschen. Wir wollen ihnen Lasten abnehmen und dir zutrauen, dass du unsere Last mitträgst in Jesus Christus, deinem Sohn, unserem Bruder und Herrn. |
| **Entlassung** | Bringt die Liebe Gottes zu den Menschen! Helft ihnen, ihre Lasten zu tragen! Und wenn ihr selbst nicht weiterwisst: Vertraut auf Gott, der euch segnet: der Vater und der Sohn und der Heilige Geist. |
| **Lied** | Wir wollen weitersagen, wer trägt, wird getragen (Liederbücher) *oder* Wie ein Fest nach langer Trauer (Liederbücher) |

# Hände
(Kommunion-)Kinder und Eltern

| | |
|---|---|
| **Lied** | GL 621,1–2 (Ich steh vor dir mit leeren Händen) |
| **Einführung** | Liebe Kinder, liebe Erwachsene, im heutigen Bußgottesdienst wollen wir über unsere Beziehung zu anderen Menschen und zu Gott nachdenken. Damit es uns leichter fällt, unsere Gedanken in die richtigen Bahnen zu lenken, soll uns etwas helfen, das wir eigentlich immer bei uns haben und mit uns tragen. Könnt ihr es erraten? |

*Kinder fragen (lassen), auf die Antwort „Hand/Hände" hinleiten.*

Genau. Die Hände sind es, die uns heute beschäftigen. Hebt mal alle eure Hände hoch!

*Kinder heben die Hände.*
Und was kann man sonst noch mit den Händen machen?

*Antworten sammeln: schreiben, basteln, streicheln, schlagen, etwas reparieren, etwas zerstören usw.*

Wir sehen – die Hand ist ganz schon vielseitig verwendbar.
Jetzt wollen wir unsere Hände zum Gebet falten
*(evtl. vormachen)*
und Gott bitten, dass wir heute ganz aufmerksam sind und in uns selber hineinhören, damit wir erkennen, wo wir nicht richtig oder sogar böse gehandelt haben.

| | |
|---|---|
| **Gebet** *MB 218* | Gott, unser Vater, alles Gute kommt allein von dir. Schenke uns deinen Geist, damit wir erkennen, was recht ist, und es mit deiner Hilfe auch tun. Darum bitten wir durch Jesus Christus. |

**Hinführung zur Meditation**

Wir wollen uns nun einige Gedanken zu unseren Händen machen. Dazu zeigen wir Bilder, wir können aber auch zwischendurch auf unsere eigenen Hände schauen.

**Meditation**

*1. Bild einblenden – leise Hintergrundmusik*
Alte germanische Begrüßungssitte,
zwei Menschen reichen einander die Hände,
das meint:
Nicht mit geschlossener Faust,
nicht mit der Hand hinter dem Rücken,
in der eine Waffe verborgen sein könnte,
sondern in friedlicher Absicht
komme ich zu dir,
mit der geöffneten flachen Hand.

Wenn sich zwei die Hände reichen,
kann das nur Höflichkeit sein,
es kann aber auch Zeichen
des Wohlwollens sein
oder gar der Freundschaft.

Welche Gesinnung einer in seine Hand legt,
spüren wir schnell.
Eine flüchtig gereichte,
dem Zugriff rasch wieder entzogene Hand,
ist nur Ausdruck höflicher Pflicht.
Ich spüre: Dieser Mensch hat kein Interesse an mir,
ist eher abweisend.
Ein fester freundlicher Griff
drückt Wohlwollen aus oder Freundschaft.
Herzliche Zuneigung spricht
aus dem festen, anhaltenden Druck einer Hand.

Wenn sich zwei nach einem Streit
die Hände reichen,
nach einer Beleidigung oder Verletzung,
ist das ein Zeichen der Versöhnung,
des Friedensschlusses.

Was war, ist begraben,
Neues kann zwischen beiden beginnen.

Die Hand gebrauchen wir,
um jemandem zu helfen,
ihm einen Dienst zu erweisen.
Einem Kranken oder Verletzten
Salbe auftragen,
wird als Wohltat empfunden,
verbindet zwei Menschen.
Die Hand kann durch Streicheln
Zärtlichkeit ausdrücken.
Auch das tut wohl und verbindet,
zumal durch die Erwiderung.
Beide fühlen,
dass sie es gut miteinander meinen.
Den Kranken oder Sterbenden streicheln
oder seine Hand halten,
vermittelt Geborgenheit, Wärme, Liebe,
kann trösten und Hoffnung keimen lassen.
Ausdruckstark ist die Hand.

Aber die Hand kann auch drohen
mit ausgestrecktem Zeigefinger.
Sie kann Kampf ansagen
durch die geballte Faust.
Die Hand kann schlagen
und verletzen,
viel stärker oft seelisch
als körperlich.
Sie kann den andern erniedrigen.
Ausdruckstark ist die Hand.

*2. Bild einblenden*
Gottes Hand
kommt segnend
auf den Menschen herab.
Die Hand eines Menschen
streckt sich empor zu Gott.

Gott hält mir seine Hand entgegen.
Er bietet mir Freundschaft an und Hilfe,
Verlässlichkeit und Treue.
Gott reicht mir die Hand zur Versöhnung.
Wie das Kind im Arm
von Vater und Mutter
bin ich geborgen in Gottes Hand.
Durch den Propheten Jesaja
sagt mir Gott:
„Ich habe dich eingezeichnet
in meine Hände" (49,16a).
So oft er nun seine Hand anschaut,
sieht er mein Bild darin.
Gott reicht mir seine Hand,
einschlagen muss ich selber.

*Stille*

**Hinführung zur Lesung**

Einschlagen in Gottes Hand, Gottes Angebot annehmen – dass wollen wir auch heute. Immer wieder entfernen wir uns von ihm, werden schuldig ihm gegenüber. Der Apostel ruft uns in der Lesung auf: Lasst euch versöhnen mit Gott!

**Schriftlesung**  2Kor 5,17–21
*(Lasst euch mit Gott versöhnen)*

**Gewissenserforschung**

Versöhnung mit Gott – das bedeutet, dass ich mich wieder zu ihm hinwenden muss, wo ich eigene Wege gegangen bin, dass ich zu ihm umkehren kann, um seine Hand ergreifen zu können. Wir wollen uns fragen, wo wir nicht in Gemeinschaft mit Gott und den Menschen waren.

- Habe ich die Beziehung zu Gott gesucht? Oder ist er mir eigentlich egal?
- Habe ich gegen seine Gebote gehandelt?
- War ich egoistisch, habe ich nur an mich gedacht und an meine Rechte? Oder denke ich auch an

meine Verpflichtungen Familie, Kirche und Gesellschaft gegenüber?
- Bin ich hilfsbereit?
- Will ich immer nur meine Interessen durchsetzen?
- Schätze ich die Gemeinschaft der Kirche Gottes?
- Setze ich mich für die Gemeinschaft ein oder nehme ich nur mit, was ich kriegen kann, ohne etwas dafür geben zu wollen?
- Bringe ich mich in meine Familie ein?
- Achte ich das Eigentum anderer? Oder nehme ich einfach, was mir gefällt?
- Habe ich jemanden gehasst, war ich nicht zur Vergebung bereit?
- Bemühe ich mich darum, mit anderen im Frieden zu leben oder reize ich zum Streit?

**Schuldbekenntnis**

So manches ist jetzt wohl in uns aufgestiegen, wo wir gedacht haben: Das ist nicht gut. Wir wollen in Gedanken unsere Verfehlungen vor Gott bringen, gemeinsam wollen wir das Schuldbekenntnis sprechen (GL 353,4):
Ich bekenne ...

**Schriftwort** Mk 1,40–42
*(Heilung eines Aussätzigen)*

**Vergebungszusage**

Der allmächtige und barmherzige Gott hat uns in seine Hand geschrieben. In Jesus Christus hat er uns einen Heiland geschenkt, der uns rein und heil machen will. In ihm danken wir Gott, der unser Vater ist in Ewigkeit.

**Lied** GL 621,3

**Vaterunser** Gott vergisst uns so wenig wie eine Mutter ihren leiblichen Sohn. Er ist uns Mutter und Vater zugleich. So dürfen wir zu ihm sprechen: Vater unser ...

**Friedensgruß** Wenn wir uns mit jemandem versöhnen, reichen wir ihm die Hand oder umarmen uns sogar. Ihr Kinder kennt es vielleicht, dass euch die Eltern nach einem Streit sagen : „Nun vertragt euch wieder. Gebt euch die Hand!" Das ist gewiss eines der schönsten Dinge, die man mit den Händen machen kann: sich wieder vertragen. Eine Versöhnung mit Gott ist nicht möglich ohne eine Versöhnung untereinander.
Darum bitten wir:
Herr, gib uns die Kraft zur Vergebung.
A Herr, gib uns die Kraft zur Vergebung.
• Wenn wir meinen, dass uns Unrecht geschieht.
A Herr, gib uns ...
• Wenn wir miteinander streiten.
• Wenn wir uns verletzt haben.
• Wenn wir uns übereinander geärgert haben.

Geben wir uns einander die Hand als Zeichen des Friedens und der Versöhnung in der Gemeinschaft!

**Schlussgebet** Gott, immer wieder führst du uns zu dir zurück, immer wieder reichst du uns die Hand zur Versöhnung. Lass auch uns versöhnungsbereit sein, damit der Friede in der Welt wächst. Darum bitten wir durch Jesus Christus.

**Entlassung** Empfangt den Segen und bringt den Menschen den Frieden des dreieinigen Gottes: des Vaters und des Sohnes und des Heiligen Geistes.

**Lied** Wie ein Fest nach langer Trauer (Liederbücher)

# Feuer
## Firmung

Foto: Johannes Putzinger

**Lied**        Komm, Heilger Geist (Liederbücher)

**Einführung**     Liebe Jugendliche, in den vergangenen Wochen (Monaten) habt ihr euch auf den Empfang des Firmsakramentes vorbereitet. Ihr sollt besiegelt werden mit dem Heiligen Geist. Eines seiner Symbole, mit denen seine Kraft und Wirkung ausgedrückt werden, ist das Feuer. Feuer kann ganz verschieden wirken: Es kann wärmen, hell machen – es kann aber auch zerstören, und es hat reinigende und läuternde Wirkung. Wir wollen dieser Bedeutung etwas nachspüren – aber uns auch selbst von Gottes Feuer ergreifen lassen, damit das, was in uns nicht gut ist, rein werde und wir versöhnt mit Gott, den Menschen und uns selbst leben.
Rufen wir Jesus Christus um sein Erbarmen an.

| | |
|---|---|
| **Kyrie-Rufe** | Herr Jesus Christus, du bist gekommen, Feuer auf die Erde zu werfen, und du willst, dass es brennt. |
| *Liedruf* | Kyrie eleison (Taizé/Liederbücher) |
| | Du hast deinen Geist wie Feuerzungen auf deine Jünger herabgesandt. |
| *Liedruf* | Christe eleison. |
| | Du willst, dass wir uns läutern und mit reinem Herzen dir stehen. |
| *Liedruf* | Kyrie eleison. |
| **Gebet** | Gott, wir sind heute zusammengekommen, um unser Leben vor dir zu prüfen und uns mit dir versöhnen zu lassen. Gib uns die Kraft deines Geistes, dass wir aufrichtig und hellsichtig unsere Sünden erkennen. Darum bitten wir durch deinen Sohn Jesus Christus, unseren Bruder, der mit dir lebt und liebt im Heiligen Geist in Ewigkeit. |
| **Lesung** | Lk 3,1–3.15–18 *(Johannes der Täufer kündigt die Feuertaufe durch den Geist an)* |
| **Gesang** | Feuer auf die Erde zu werfen (Liederbücher/Anhang) |
| **Meditation** | *Bild einblenden – leise Hintergrundmusik* |

Wir kennen die Redensart,
für etwas „Feuer und Flamme" zu sein.
Hier steht das Feuer
als Symbol für Begeisterung.
Wovon wir begeistert sind,
daran hängen wir unser Herz,
dafür mühen wir uns ab,
das wollen wir gewinnen.
Nur der Geist-lose kennt keine Be-Geist-erung,
weil ihm die Voraussetzung dafür fehlt.

Aber das Feuer muss gezähmt werden,
sonst hat es vernichtende Kraft
und richtet verheerenden Schaden an.

Den Menschen,
der für etwas Feuer und Flamme ist,
muss der Geist zähmen,
sonst wird er zum Fanatiker,
der nur noch dumpfen Gefühlen gehorcht
und aus dem Bauch heraus handelt.
Dazu ist uns der Geist gegeben,
dass wir das Feuer in uns zähmen
und in die Bahnen der Verantwortung lenken.
Was uns auf der Gefühlsebene ergriffen hat,
muss vom Geist geprüft,
übernommen und getragen werden.
Deshalb gibt Gott uns seinen Geist,
damit unsere Orientierung stimmt
und unsere Ziele in Ordnung sind.
Mit Gottes Geist begabt sein heißt,
sich für die Aufgaben begeistern,
die Gott uns im Leben stellt.
Da ist für Fanatismus kein Platz.

Für ein Feuer
braucht man geeignetes Brennmaterial.
Was schnell entzündet ist und lodert,
wird auch rasch verglühen.
Wir können Stroh zum Entzünden
des Holzes verwenden,
aber als Brennmaterial taugt es nicht.
So ist es oft,
wenn ein Mensch für etwas
Feuer und Flamme ist.
Erste Begeisterung lodert in ihm auf,
doch bald fällt die Flamme in sich zusammen.
Die Begeisterung war nicht dauerhaft,
eben nur Strohfeuer.
So kann es auch mit dem Glauben gehen,
wenn einer sich rasch für ihn begeistert
oder von der Begeisterung eines anderen
anstecken lässt.
Er findet etwa diesen
Jesus von Nazaret faszinierend,

aber bald fesselt ihn etwas anderes.
Er ist unbeständig,
entzündet ein Strohfeuer nach dem anderen,
aber nie brennt in ihm
wirklich ein Feuer.

Man muss Holz nachlegen,
sonst erlischt das Feuer.
Wenn wir Feuer gefangen haben
und erste Begeisterung in uns tragen,
fühlen wir uns oben auf.
Doch dann kommt der Alltag,
die alten Gewohnheiten machen sich breit,
das Feuer wird schwächer,
droht zu erlöschen.
Wie das Holzfeuer
ständig nach Nahrung verlangt,
so ist es mit dem Feuer des Geistes,
das Gott in uns angezündet hat.
Erste Faszination für Jesus Christus
muss genährt werden,
indem wir uns in sein Wort und Leben vertiefen
und uns von ihm ansprechen,
ja ergreifen lassen.
Die Liebe wird dadurch genährt,
dass wir sie praktizieren.
Der Glaube wird genährt,
indem wir ihn leben.

**Gesang** Feuer auf die Erde zu werfen

**Impulse zur Gewissenserforschung**

Feuer auf die Erde zu werfen, ist Christus gekommen. Feuer, mit dem er uns für Gott entflammen und be-geistern will. So können wir uns fragen:
- Ist in mir Begeisterung für Christus lebendig?
- Bemühe ich mich, ihn immer besser kennenzulernen, z. B. durch Lesen in der Bibel, Mitfeiern von Gottesdiensten, Gespräche mit anderen Christinnen und Christen?

- Setze ich sein Gebot von der Liebe zu Gott und zum Nächsten in die Tat um?
- Kümmere ich mich um meine Mitmenschen?
- Bin ich hilfsbereit – in der Schule, zuhause, im Freundeskreis?
- Gehe ich gerne in den Gottesdienst und nehme daraus etwas für meinen Alltag mit?
- Bete ich regelmäßig? Sage ich Gott, was mich bedrückt, was mich freut?
- Lasse ich mich immer wieder begeistern für die Sache Jesu? Oder ist mir das Christentum im Grunde gleichgültig?
- Was ist für mich wichtig im Leben? Richte ich mein Leben nach dem Evangelium aus oder lasse ich mich von den Meinungen um mich herum treiben?

*Stille*

Wir wollen unsere Schuld vor Gott und einander bekennen.
Ich bekenne: Herr, du kennst mich ... (GL 7,5)

**Schriftwort**   Lk 3,21–22
*(Taufe Jesu im Jordan)*

**Vergebungszusage**
Der allmächtige Gott hat sich unser erbarmt. Er hat auch zu uns gesprochen: Du bist mein geliebtes Kind. Er steht zu seinem Wort, er ist unser Vater, der uns annimmt, der uns verzeiht, wenn wir etwas falsch gemacht haben. Er sagt ja zu uns, wenn auch Menschen nein sagen. Dafür wollen wir ihm danken und ihn loben.

**Lied**   GL 165 (Sag ja zu mir, wenn alles nein sagt)

**Fürbitten**

*In einer Schale wird Weihrauch entzündet*
Ein Weihrauchkorn,
klein, bunt, aus vielen Harzen.
Allein verloren,
in der Masse verschwindend,
und doch wichtig wie jedes andere Weihrauchkorn.
Es erinnert an einen Menschen,
gestaltet und mit vielen Begabungen.
Allein verloren,
in der Masse verschwindend,
und doch einzigartig wie jeder andere.
Das Weihrauchkorn,
auf glühende Kohle gelegt,
verbrennt und löst sich auf,
verströmt seine Würze.
Als Duftwolke und Augenweide
allen Sinnen zum Zeichen:
Gott ist mit uns.
Von Gott den Menschen geschenkt,
die Welt zu erwärmen: Feuer der Liebe.
Glut, leuchtendes Leben,
pulsierend, flackernd, jäh lodernd,
an der wir uns entzünden,
Feuer und Flamme werden.
In seinem Geist Liebe verströmen,
Duft und Würze des Lebens
füreinander auf ihn zu.

*aus: Michael Pfeifer, Der Weihrauch,*
*Verlag Friedrich Pustet, Regensburg 1997*

*Stille*

Füreinander auf Gott zu: So wollen wir nun auch beten füreinander, für Menschen, die uns am Herzen liegen, für Menschen, von denen wir wissen, dass es ihnen nicht gut geht und dass sie unser Gebet brauchen. – Ich lade euch ein, nach vorn zu kommen, ein Weihrauchkorn in die Glut zu legen und still ein Gebet zu sprechen, das Gott ihnen mit seinem Geist nahe sei.

| | |
|---|---|
| Gesang | *währenddessen*<br>Veni, sancte spiritus<br>*(Taizé; während der ganzen Zeit leise gesungen)* |
| Vaterunser | Alle unsere stillen Gebete und Bitten lassen wir einmünden in das Gebet, das Jesus uns selbst zu beten gelhrt hat:<br>Vater unser ... |
| Gebet | Guter Gott, du siehst auf unseren Glauben und unsere Bereitschaft zur Umkehr und vergibst uns unsere Schuld. Sende uns deinen Geist, damit wir deine Wege für uns erkennen und tun, was vor dir richtig ist. Darum bitten wir durch Jesus Christus, der unser Bruder ist und unser Herr. |

**Segen und Entlassung**

| | |
|---|---|
| Lied | Nimm du mich, Heiliger Atem, zünde dein Feuer an (Anhang) *oder*<br>Die Sache Jesu braucht Begeisterte (Liederbücher) |

# Sand
WÄHREND DES JAHRES

Foto: Monika Fuchs

**Lied**  GL 295 (Wer nur den lieben Gott lässt walten)

**Einführung**  Wer nur den lieben Gott lässt walten – das ist leichter gesagt als getan. Vertrauen zu haben, ist nicht einfach, manchmal gewagt oder sogar gefährlich. Schon von klein auf wurden wir allzu oft schon enttäuscht, haben wir auf Menschen und Versprechen vertraut. Und dann: reingefallen. Doch wie oft waren wir selber denjenigen, die ihr Wort gebrochen haben? Die gelogen haben, die nicht aufrichtig waren?
Wir wollen zu Beginn dieses Gottesdienstes Christus um sein Erbarmen anrufen. Er weiß um uns und unsre Sorgen, Ängste und Mühen.

| | |
|---|---|
| **Kyrie-Rufe** | GL 485 (Der in seinem Wort uns hält) |
| **Gebet**<br>MB 306 | Gott, du bist da. Deine Gegenwart umhüllt und durchdringt uns wie die Luft, die wir atmen, ohne die wir nicht leben können. Gib, dass wir dir ganz vertrauen und leben ohne Angst. Darum bitten wir durch Jesus Christus. |
| **Schriftlesung** | Jes 28,14–19<br>*(Das Fundament der Lüge)* |
| **Meditation** | *Bild einblenden – leise Hintergrundmusik*<br>Sand ist eine feine Sache.<br>Als Kinder haben wir im Sandkasten gespielt,<br>haben zuerst Sandkuchen geformt,<br>später Sandburgen gebaut.<br>Aber was nur aus Sand gebaut ist,<br>ist sehr vergänglich.<br>Ein Sandstrand übt große Anziehungskraft<br>auf junge und alte Menschen aus.<br>Die einen spielen mit dem Sand,<br>die anderen auf dem Sand<br>Beachfußball und Beachvolleyball.<br>Es ist ein angenehmes Gefühl,<br>feinen Sand durch die Finger rieseln zu lassen<br>oder mit nackten Füßen<br>über den Sand zu gehen.<br>Der Mensch kann einfach<br>Freude haben am Sand,<br>aber er versteht ihn auch zu nutzen<br>und zum Mischen von Mörtel zu verwenden.<br>So wird der Sand zum Baumaterial.<br>Sand ist eine feine Sache.<br>Menschen jedoch streuen anderen<br>auch Sand in die Augen<br>und machen sie damit<br>blind für die Wirklichkeit.<br>Sie gaukeln ihnen etwas vor,<br>versprechen, was nicht gehalten wird.<br>Menschen täuschen andere, |

um daraus einen Vorteil für sich zu erzielen.
Die Folge davon ist,
dass Menschen misstrauisch werden,
dass Menschen einander nicht mehr trauen.
Wo aber das Vertrauen zerstört ist,
bröckelt die Gemeinschaft und zerfällt.
Wer uns einmal Sand in die Augen gestreut hat,
mit dem wollen wir nichts mehr zu tun haben.
Wir alle empfinden dies als
unangenehm und traurig,
denn der Mensch ist auf Gemeinschaft angelegt
und braucht Gemeinschaft.
Wie aber lässt sich dies ändern?
Vielleicht müssen wir selbst beginnen,
in jeder Situation wahrhaftig zu sein.
Dann wäre immerhin ein Anfang
unter den Menschen gemacht.
Und vielleicht würde es Kreise ziehen.

Im Evangelium ist auch vom Sand die Rede.
Jesus warnt uns davor,
unser Haus auf Sand zu bauen,
denn über kurz oder lang
würde es einstürzen.
Sand ist kein sicheres Fundament,
wir sollten dafür Fels verwenden.
Aber wollte denn Jesus
Anweisungen für Architekten geben?
Ich muss wohl das Haus als Symbol verstehen,
als Symbol für mein Leben.
Ich darf mein Leben nicht auf Sand bauen,
wenn es Bestand haben soll.
Wo aber ist der Fels,
auf den ich mein Leben sicher
und dauerhaft bauen kann?
Auch darauf gibt es Antwort:
Wer meine Worte hört und danach handelt,
ist wie ein kluger Mann,
der sein Haus auf Felsen baute.
Seine Worte also sind fester Grund,

auf den ich bauen kann.
Wer danach lebt,
hat den Sinn des Lebens entdeckt.

Sein Leben wird am Ende nicht
wertlos und haltlos zusammenbrechen
wie ein Haus, das auf Sand gebaut wurde,
auf menschliche Philosophie oder Ideologie.
Nur Gott selbst ist der Garant
Für gelingendes Leben.

**Gewissenserforschung**

- Worauf baue ich mein Leben? Auf das Fundament der Botschaft Jesu oder habe ich einen weniger tragfähigen Untergrund gesucht?
- Vertraue ich auf Gott in allen Lebenslagen, ist er der Fels, auf dem ich stehe?
- Traue ich ihm zu, mein Leben zu führen, auch wenn es um mich dunkel ist und ich den Weg nicht sehen kann?
- Bin ich wahrhaftig und ehrlich Gott und den Menschen gegenüber?
- Stehe ich zu dem, was ich sage?
- Oder belüge ich mich selbst und meine Mitmenschen?
- Kann ich selber andern vertrauen? Oder bin ich grundsätzlich misstrauisch?
- Enttäusche ich andere oft, halte ich nicht, was ich verspreche?
- Nutze ich andere zu meinem Vorteil aus? Streu ich ihnen Sand in die Augen, damit sie nicht klar sehen können, was ich treibe?
- Greife ich gerne zu Notlügen, wenn die Wahrheit unangenehm für mich wäre? Biege ich die Wahrheit zurecht?
- Stelle ich mich besser dar, als ich bin?
- Schätze ich meine Leistungen richtig ein?
- Spiele ich mich vor anderen auf?
- Stelle ich Leistungen anderer als meine eigenen dar?

- Korrigiere ich meine Lebensführung anhand des Evangeliums oder sind mir andere Werte wichtiger? Werte, die vielleicht sogar im Widerspruch zur christlichen Botschaft stehen?

*Stille*

**Bußakt** Lasst uns Gott um Vergebung bitten:
Wo wir nicht darauf vertraut haben, dass du unser Halt bist:

*Liedruf* Herr, erbarme dich unser. (GL 433 [1])
- Wo wir gelogen und unseren Vorteil gesucht haben.
- Wo wir anderen Sand in die Augen gestreut haben.
- Wo wir nicht deinen Wegen gefolgt sind.
- Wo wir zu uns nicht ehrlich waren.
- Wo wir den Glauben nicht ernst genommen haben.
- Wo wir durch unehrliches Verhalten an einander schuldig geworden sind.
- Wo wir nicht auf deine Stimme gehört haben

*Stille*

**Schriftwort** Mt 7,24–25
*(Vom Haus auf dem Felsen)*

**Vergebungszusage**
Der allmächtige Gott hat sich unser erbarmt und uns seinen Sohn geschenkt. Jesus Christus ist das Fundament unseres Glaubens; er ist der Stein, den die Bauleute verworfen hatten und der im Tod am Kreuz für unsere Sünden zum Eckstein geworden ist, auf dem wir unser Leben in Gott neu bauen können. Dafür dürfen wir Gott danken und ihn loben.

**Lied** GL 302,1.4 (Erhör, o Gott, mein Flehen)

| | |
|---|---|
| Vaterunser | Gott ist unser Vater, ihm dürfen wir vertrauen und zu ihm sprechen: Vater unser … |
| Friedensgruß | Wir wissen: Gott ist gut, er verzeiht uns immer wieder, wenn wir zu mit aufrichtigem Herzen zu ihm kommen. Doch Versöhnung mit Gott braucht auch die Vergebung der Menschen untereinander. So gebt euch ein Zeichen des Friedens und der Versöhnung! |
| Schlussgebet | Heiliger Gott, wer sein Leben auf dich gründet, baut auf sicherem Fundament. Steh uns bei in den Stürmen des Lebens, damit wir fest im Glauben stehen. Darum bitten wir durch deinen Sohn Jesus Christus. |

**Entlassung und Segen**

| | |
|---|---|
| Lied | GL 293,1–2.4 (Auf dich allein ich baue) |

# Tisch
## Während des Jahres

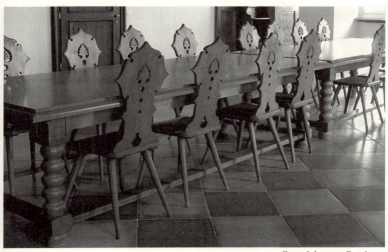

Foto: Johannes Putzinger

*Anregung: Einen großen Tisch mit Tischdecke gut sichtbar aufstellen*

**Lied**  GL 505 (Du hast uns, Herr, gerufen) *oder*
GL 519 (Komm her, freu dich mit uns)

**Einführung**  Mit dem Himmelreich ist es wie mit einem Gastmahl ... Alle sind um einen Tisch versammelt, eine große Gemeinschaft wird es sein. Ein Bild, das Jesus immer wieder als Bild für das Reich Gottes verwendet. Und er selbst hat es ja schon vorgemacht: Er aß und trank mit vielen Menschen und hatte mit ihnen Gemeinschaft. In unserem Alltag kennen wir solche Formen der Gemeinschaft, ja manchmal ist das gemeinsame Sitzen, Essen und Reden bei Tisch so schön, dass es uns schon wie der Himmel auf Erden erscheint ...

Doch schnell ist diese Gemeinschaft auch wieder zerstört: Zorn, Eifersucht und Neid entzweien uns. Und auch unsere Gemeinschaft mit Gott, die wir seit der Taufe haben, wird immer wieder auf eine harte Probe gestellt. Fragen wir uns in diesem Gottesdienst, wo wir an der Gemeinschaft mit Gott und den Mitmenschen schuldig geworden sind. Und bitten wir Gott und einander um Vergebung.

**Kyrie-Rufe** Herr Jesus Christus, du sprichst jetzt zu uns.
Du rufst uns zur Gemeinschaft des Reiches Gottes.
Du bist verborgen in unserer Mitte.

**Gebet** Herr, unser Gott. Wir danken dir für das Geschenk
MB 312 dieser Zusammenkunft. Sie hält in uns lebendig, was wir allein vergessen und verlieren würden. Zeig uns heute neu den Sinn unseres Lebens. Festige unsere Gemeinschaft mit dir und miteinander. Schenk uns den Geist deines Sohnes, unseres Herrn Jesus Christus, der in der Einheit des Heiligen Geistes mit dir lebt und herrscht in Ewigkeit.

**Schriftlesung:** Lk 22,14–16.24–27
*(Letztes Abendmahl)*

**Gesang** Ps 133; GL 645,3 *(mit Psalmversen im 8. Ton)* oder
Ubi caritas et amor *(Taizé)*

**Meditation** *(Bild einblenden) – leise Hintergrundmusik*
So einfach ein Tisch auch gebaut ist,
er ist eine wunderbare Erfindung.
Wir können an und auf ihm essen und arbeiten,
spielen, lesen und schreiben.
Er ist vielseitig verwendbar.
Vor allem aber stiftet er Gemeinschaft.
Ob wir gemeinsam essen
oder miteinander spielen
oder auch bei einem Glas Bier oder Wein
ein gutes Gespräch führen,
am Tisch kommen wir zusammen

und spüren, dass wir zusammen gehören.
Ob nicht auch ich
ein bisschen Tisch sein könnte,
andere bei mir zusammen führen,
Gemeinschaft bilden könnte?
Es täte allen gut,
den Anderen und mir,
denn der Mensch ist auf
Gemeinschaft hin angelegt.
Manchen könnte ich so aus
seiner Einsamkeit befreien,
vielleicht sogar mich selbst.
Ein bisschen Tisch zu sein,
wäre lohnenswert.

Gott stiftet Gemeinschaft,
wo Menschen gar nicht daran dächten.
Jesus sammelt Jünger um sich
aus allen Schichten der Bevölkerung,
Da ist für den Fischer ebenso Platz
wie für den Zöllner,
für den Eiferer ebenso
wie für den Suchenden.
Bei ihm finden alle
zur Gemeinschaft zusammen.
Das gemeinsame Gespräch
ist so selbstverständlich
wie das gemeinsame Essen.
Und schließlich lädt er sie gemeinsam
an den Tisch zum Letzten Abendmahl,
wo er ihnen selbst
zur Speise und zum Trank wird.
Nun wissen sie:
Von ihm können wir leben.

Diese Einladung ergeht heute an mich
durch Christus in der Kirche.
In ihr will mir Christus Gemeinschaft schenken
und Anteil an ihm selbst.

Auf den meisten Tischen
liegt eine Decke oder ein Tuch,
um die Tischplatte zu schonen,
oder auch Unschönheit zu verdecken.
Kinder ziehen gern am Tischtuch,
um einen anderen zu ärgern,
wenn sein Teller davon wandert.
Menschen können aber auch das Tischtuch
zwischen sich und einem anderen zerschneiden.
Sie drücken damit aus:
Mit dir will ich nichts mehr zu tun haben,
mit dir will ich keine Gemeinschaft haben.
Hier wird ein Mensch abgelehnt,
vielleicht für immer verworfen.
Es besteht keine Aussicht auf Versöhnung,
keine Chance für die Vergebung.
Ein hartes Urteil ist gesprochen.
Mit manchen Menschen mag es schwer sein,
sich zu verständigen
und Gemeinschaft zu pflegen.
Ob aber die Schuld
nur einseitig beim Anderen liegt?
Vielleicht urteilen wir oft zu einseitig,
verurteilen immer nur den Anderen.

Doch es gibt einen,
der die Gemeinschaft mit uns sucht,
der zu uns ein uneingeschränktes Ja gesagt hat,
der sich über jeden Schritt freut,
den wir auf ihn zugehen,
der zwar unser Versagen missbilligt,
aber nie das Tischtuch
zwischen sich und uns zerschneidet.
Nur ich kann das Tuch zerschneiden,
Er ist bereit zu vergeben.
Ich bin froh und dankbar,
dass es Gott gibt
und dass er so ist.

**Gewissenserforschung**

- Bin ich zur Gemeinschaft bereit? Oder sondere ich mich ab, gehe eigene Wege, will mit anderen nichts zu tun haben?
- Bringe ich mich in die Gemeinschaft ein – in der Familie, in der Schule, im Kollegenkreis, in der Gemeinde? Oder behalte ich mein Können und Wissen für mich, wirke ich abweisend, kapsele ich mich ab?
- Gehe ich auf andere, die allein sind, zu, integriere ich sie in die Gemeinschaft?
- Schließe ich andere bewusst aus?
- Lade ich Gäste ein, kümmere mich um sie, bin ich ein guter Gastgeber, eine gute Gastgeberin?
- Trage ich Hass und Groll gegen jemanden in mir?
- Bin ich zu Verzeihung und Versöhnung bereit?
- Bin ich hilfsbereit?
- Denke ich nur an meinen Vorteil? Oder habe ich auch die Anliegen anderer im Blick?
- Setze ich mich Gesellschaft und Kirche ein, dass Gemeinschaft entstehen kann?
- Habe ich ein wachsames Auge und ein mitfühlendes Herz für die Einsamkeiten um mich herum?
- Versinke ich selber in Einsamkeit und lasse mir nicht helfen?
- Suche ich die Gemeinschaft mit Gott?
- Bete ich regelmäßig, lese ich in der Heiligen Schrift?
- Nehme ich die Einladung Gottes, an seinen Tisch zu kommen, wahr? Empfange ich regelmäßig die Kommunion? Oder lehne ich das Angebot seiner Gemeinschaft ab?
- Bemühe ich mich um ein Verständnis der Eucharistie, pflege ich eucharistische Frömmigkeit?
- Bete ich auch zwischendurch vor dem Allerheiligsten?
- Nehme ich immer die ausgestreckte Hand eines anderen, der sich mit mir versöhnen will, an?

Oder schlage ich sie aus, verharre lieber in meinem Zorn?
- Bin ich selber zur Versöhnung bereit, gehe ich auch mal den ersten Schritt zu auf andere, die mich verletzt haben oder mit denen ich in Unfrieden lebe?
- Kenne ich Menschen, zwischen denen das Tischtuch zerschnitten ist? Kann ich zur Versöhnung beitragen?

**Schuldbekenntnis**
GL 56,5
*alle beten gemeinsam*

**Schriftwort** Mt 22,2–3.8–10
*(Gleichnis vom Hochzeitsmahl)*

**Vergebungszusage**
Der allmächtige Gott hat sich unser erbarmt. Er hat uns in seinem Sohn Jesus Christus an seinen Tisch geladen und in sein Reich berufen. Dafür wollen wir ihm danken und ihn preisen.

**Gesang** GL 536,1 (Herr, du rufst uns zu deinem Mahl)
*evtl. mit Chorbuch zum GL*

**Vaterunser** Das Gebet des Herrn sprechen wir in jeder Messe vor der Kommunion, in der wir Gemeinschaft mit Gott und untereinander im Heiligen Geist erfahren. Auch jetzt dürfen wir Gott unseren Vater nennen und zu ihm sprechen: Vater unser ...

**Friedensgruß** Ja, Gott vergibt uns unsere Schuld, wie auch wir vergeben unseren Schuldigern. So lasst uns einander ein Zeichen des Friedens und der Versöhnung geben.

**Schlussgebet**  Guter Gott, du hast die Menschen zur Gemeinschaft miteinander und mit dir geschaffen. Hilf uns, diese Gemeinschaft zu bewahren und zu pflegen. Darum bitten wir durch Jesus Christus, deinen Sohn, unseren Bruder und Herrn.

**Entlassung und Segen**

**Lied**  Wo Menschen sich vergessen (Liederbücher) *oder* GL 514 (Wenn wir jetzt weitergehen)

*Im Anschluss an den Gottesdienst kann zu einem Glas Wein bzw. Imbiss eingeladen werden.*

# Wüste
## Fastenzeit

Foto: Johannes Putzinger

Foto: Linetta Schneller

*Vorbereiten: „Wüstenrose", Schale mit warmem Wasser*

**Lied**      GL 621 (Ich steh vor dir mit leeren Händen)

**Einführung**      Wenn wir über die Wüste nachdenken, fallen uns vielleicht zuerst Trockenheit, Hitze, Sand, Unfruchtbarkeit und Unwirtlichkeit ein.
Ich habe hier eine so genannte „Wüstenrose", eigentlich eine Art Flechte. Sie hat die Fähigkeit, jahrzehntelang in diesem ausgetrockneten Zustand überleben zu können, rollt wurzellos, nur vom Wind getrieben, durch die Gegend. Kommt sie aber mit Wasser in Berührung, so verändert sie sich ganz allmählich …

*Wüstenrose in Schale mit warmem Wasser legen*

So wie diese Wüstenrose aussieht, mögen wir uns auch manchmal fühlen: eingetrocknet, ausgedörrt, von Gott verlassen, von den Menschen unverstanden, ungetröstet, ungeliebt. – Werden wir still, sammeln wir uns, bitten wir Gott um seine Begleitung auf den Wegen unseres Lebens.

**Gebet**
*MB 314*

Gott. Du bist uns nahe, noch bevor wir zu dir kommen. Du bist bei uns, noch bevor wir uns aufmachen zu dir. Sieh deine Gemeinde, die auf dich schaut: Sieh unsere Sehnsucht nach Glück, unseren Willen zum Guten und unser Versagen. Erbarme dich unserer Armut und Leere. Fülle sie mit deinem Leben, mit deinem Glück, mit deiner Liebe. Darum bitten wir durch Jesus Christus.

**Lesung**      Ex 17,1–7
*(Massa und Meriba)*

**Gesang**      Ps 42; GL 726,1.2 *oder*
Wasserquell, Wasserquell (Liederbücher)

## Hinführung zur Meditation

Da hat Jahwe also sein Volk in die Wüste geschickt. Eigentlich hat er ihnen ja zur Flucht aus der Sklaverei in Ägypten verholfen, und rings um Ägypten gibt es nunmal nichts als Wüste. Wenn *wir* davon reden, dass wir „jemanden in die Wüste schicken" bedeutet dies, dass wir jemanden loswerden wollen, dass jemand aus der Gemeinschaft ausgestoßen wird: die Wüste als Ort der Einsamkeit ...

Einsamkeit – das muss aber nicht nur negativ sein: Wenn man auf sich zurückgeworfen ist, kann das auch einen Prozess des Nachdenkens über sich selbst beginnen lassen, man hält Einkehr bei sich selbst, beschließt vielleicht sogar eine Abkehr oder eine Umkehr aus seinem bisherigen Leben. „Wüstentage" werden Tage der Einkehr daher auch genannt.

In der Bibel ist die Wüste auch ein Ort des Durchgangs, der Versuchung, der Reinigung, der Läuterung. In die Wüste zog sich der Prophet Elija zurück, als er sich nach einem großen, anstrengenden Auftrag Gottes ausgebrannt und todmüde fühlte. Wüste wird hier zum äußeren Ausdruck des inneren Zustandes, ausgetrocknet und unfruchtbar fühlte er sich. Doch in der Wüste offenbart sich Gott – auch dies eine tiefgreifende Erfahrung des Volkes Israel. Im Feuer des Dornbuschs, mitten in der Wüste: Ich-bin-da. Im Wüstenzug seines Volkes Israel: Gottes Gegenwart in Feuerschein und Wolke. Am Berg Horeb und am Sinai: Wasserquell aus dem Felsen und Bundesschluss. Jahwe, so scheint es, ist ein rechter Wüstengott. Er führt nicht nur in die Wüste, er sorgt auch dafür, dass man heil wieder herauskommt – wenn man sich seiner Führung anvertraut, wenn man seine Prüfungen erkennt, wenn man den Versuchungen widersteht. Auch in unseren Wüsten des Glaubens ist er da, auch wenn wir vielleicht meinen, er hätte sich zurückgezogen, er hätte uns verlassen. Immer wieder bietet er uns Nahrung an auf unserem Weg durch die Wüste, auf unserem Weg in sein gelobtes Land – durch sein Wort, durch die Nähe anderer Menschen. Und nicht zuletzt ist es Jesus Christus selbst, der unseren Durst mit lebendigem Wasser stillen will.

**Meditation**  *1. Bild einblenden – leise Hintergundmusik*
Trockenes Land,
kein Wasser,
aufgesprungene Erde,
kaum Vegetation,
viel Dürre,
heiße Tage, kalte Nächte.
Lebensfeindlich,
Bedrohung, Todesgefahr.

Einsamkeit,
ein Ort der Stille,
kaum Ablenkung für Auge und Ohr,
Gelegenheit, zu sich selbst zu kommen,
Besinnung.

Auch ich kann Wüste sein,
in mir kann Wüste sein,
innere Leere,
ausgedorrt,
unfruchtbar.
Dann muss ich zur Ruhe kommen,
mich sammeln,
um neue Kraft zu schöpfen,
eben bei mir sein.
Ohne Lärm und Action
wieder zu mir selber kommen,
weg von aller Ablenkung,
die mich von mir weggeholt hat.

Auch ich kann,
gleich der Wüste,
feindselig sein,
mich abschotten vom Leben,

von den andern,
von der Gemeinschaft.
Dann bringe ich keine Frucht.

Ich kann Wüste sein vor Gott.
Dann herrscht Dürre
in meiner Gottesbeziehung,
der Glaube erschlafft,
er trägt nicht mehr.
Funkstille zwischen mir und Gott,
Gleichgültigkeit.
Sein Wort berührt mich nicht mehr,
seine Liebe prallt an mir ab.

**Lied**  Dein Wort ist wie ein Regen (Anhang)

*2. Bild einblenden*
Aber im Wüstensand schlummert Leben,
Samenkörner, die nur auf Wasser warten.
Ein Regenguss, und das Leben erwacht.
So geschieht es auch wieder in mir.
Wie die Wüste warten kann,
bis der Regen kommt,
muss auch ich warten können,
bis meine Kräfte sich wieder sammeln,
ich wieder zu mir gekommen bin.
Plötzlich erwacht das Leben in mir.
Der Anlass dazu kann auch von außen kommen:
Ein Mensch – und ein gutes Gespräch,
ein Buch – und ein guter Gedanke,
ein Wort der heiligen Schrift,
eine Anrede Gottes, die mich im Inneren trifft –
und die Dürre ist vorüber,
es beginnt in mir wieder zu leben,
ich beginne neu zu leben
und Frucht zu bringen.

Manchmal brauche ich nur viel Geduld,
muss warten können wie die Wüste.

**Lied**  GL 299 (Manchmal kennen wir Gottes Willen)

**Gewissenserforschung**
Begleite uns, Herr, wenn die Ängste kommen. Gott ist bei uns, auch in der Wüste. Unsere Schuld ist es, wenn wir nicht genug achtgeben auf seine Wegzeichen, wenn wir sein Wort überhören, wenn wir ihn im Nächsten nicht erkennen.
Wir wollen uns besinnen:
- Wo und wie erfahre ich Trockenheit und Wüste in meinem Leben, in meinem Glauben, in meinem Umfeld?
- Wonach dürste ich in meinem Leben?
- Wo sind meine Quellen? Suche ich danach, indem ich mich zum Beispiel mit der Botschaft Christi beschäftige?
- Gebe ich Gott Raum in meinem Leben?
- Murre ich gegen Gott?
- Kann ich selbst Quelle sein für meinen Nächsten?
- Vertraue ich mich Gottes Führung an oder will ich zuviel selber machen und verzweifle, wenn ich keine Land sehe?
- Wo ist mein „Land der Verheißung"?
- Lasse ich mich von Gott berühren, oder sperre ich mich seinem Anruf?
- Habe ich Geduld, auf Gottes Erscheinen in meinem Leben zu warten?
- Bin ich kleingläubig in Bezug auf Gottes Verheißungen?

*Stille*

Wir wollen unsere Schuld und unser Versagen vor Gott tragen, es bereuen und bekennen.

**Bekenntnis**  GL 168 (O Herr, nimm unsre Schuld)
*gemeinsam sprechen*

**Schriftwort**  Joh 7,37–39a
*(Ströme lebendigen Wassers)*

**Vergebungszusage**

Gott, unser Vater, hat sich unser erbarmt. Er hat uns seinen Sohn geschenkt, Jesus Christus, die Quelle des Lebens, deren Wasser nicht versiegt. Dafür danken wir ihm und singen ihm.

**Lied**

Jes 35; GL 233,7 *mit* GL 124,2 (Wüste und Öde sollen sich freuen) *oder*
Mein Gott, welche Freude (Liederbücher) *oder*
GL 637 (Lasst uns loben, freudig loben)

**Vaterunser**

Gott schenkt uns in Jesus Christus das Wasser des Heils und das Brot des Lebens. Als seine Kinder dürfen wir zu ihm sprechen: Vater unser ...

**Friedensgruß**

Im Geist Gottes miteinander versöhnt, geben wir uns ein Zeichen seines Friedens.

**Nach dem Friedensgruß**

Schauen wir einmal nach unserer Wüstenrose: Sie ist nicht mehr in sich zusammengerollt, ist nicht mehr trocken und tot, sondern hat sich ausgestreckt, ist dunkelgrün und voller Leben. – So soll es auch uns ergehen, wenn wir das Wort Gottes als lebendiges Wasser in uns aufnehmen. Es soll uns zum Leben bringen, soll uns aus unserer Isolation befreien, soll uns öffnen für Gott und die Menschen. Wenn wir jetzt wieder in unseren Alltag hinausgehen, dann wollen wir nicht vergessen, dass Gott es ist, der uns führt, auch wenn wir uns in der Wüste wähnen. Unser Gott ist ein Gott der Wüste, aber er ist einer, der uns in ihr begleitet. So lasst uns beten:

**Gebet**

Unbegreiflicher Gott. Du wohnst in unzugänglichem Licht und doch bist du uns nahe. Du begleitest uns auf den Straßen unseres Lebens, auch wenn wir es nicht immer spüren. Lass nicht zu, dass Misstrauen, Angst und Unglaube uns von dir trennen. Das erbitten wir durch deinen Sohn Jesus Christus, unseren Bruder und Herrn, im Heiligen Geist.

**Entlassung und Segen**

Der Herr, der sein Volk Israel sicher durch die Wüste bis in das Land der Verheißung führte, er sei mit euch auf den Wegen durch die Wüsten eures Lebens. Er lasse euch seine Nähe spüren, bis er sich dereinst in seiner Herrlichkeit offenbart.

Das gewähre euch der allmächtige Gott, der Vater, der Sohn und der Heilige Geist.

**Lied** Eingerollt und ausgedörrt (Anhang)

# Weg
## Fastenzeit

*Zum Einzug kann eine brennende Kerze mitgetragen und in die Mitte gestellt werden.*

**Lied** GL 617 (Nahe wollt der Herr uns sein)

**Einführung** Gott ist uns nahe in Jesus Christus. Wenn wir auf ihn schauen, sehen und spüren wir etwas von der Menschenliebe Gottes. Gott hat sich uns zugewandt, er kommt uns Menschen entgegen wie der barmherzige Vater im Gleichnis vom verlorenen Sohn. Das bedeutet aber auch, dass wir uns zu ihm hinkehren, wieder heimfinden zu Gott. Die österliche Bußzeit gibt uns verschiedene Gelegenheit dazu. Der heutige Bußgottesdienst soll uns die Möglichkeit bieten, in Ruhe auf das Wort Gottes zu hören, zur Besinnung auf uns selbst zu kommen und darauf, wie der Weg zu Gott und mit Gott aussieht.

*Stille*

**Kyrie-Rufe** Herr Jesus Christus, du lädst alle ein, die mühselig und beladen sind, zu dir zu kommen. Herr, erbarme dich.
Du willst unserem Herz Ruhe verschaffen. Christus, erbarme dich.
Du kannst uns den rechten Weg weisen, denn du bist Licht und Wahrheit. Herr, erbarme dich.

**Gebet** Gott, unser Vater. Du hast uns als deine Gemeinde versammelt und sprichst zu uns. Öffne unser Ohr, damit wir hören und verstehen, was du uns sagen willst. Öffne unser Herz, damit wir deinem Wort folgen, uns zu dir hinkehren und uns wieder auf den Weg machen mit dir. Darum bitten durch Jesus Christus, unseren Bruder und Herrn.

**Zur Schriftlesung**
Wir haben zu Beginn des Gottesdienstes eine Kerze angezündet und in unsere Mitte gestellt. Sie leuchtet uns als das Licht des Wortes Gottes, das uns den Weg erhellen soll.

**Schriftlesung** Dtn 26,16–19
*(Verpflichtung Israels auf die Gebote Gottes)*

**Antwortpsalm** Ps 119; GL 751,1.2 (Dies ist mein Gebot)

**Hinführung zur Meditation**
„Du sollst auf seinen Wegen gehen, seine Gesetze, Gebote und Rechtsvorschriften achten und auf seine Stimme hören" (Dtn 26,17). Ein solcher Satz klingt

zunächst sehr bedrückend, einschränkend. Lauter Verbots- und Gebotsschilder am Straßenrand: Du sollst, du darfst nicht, du musst ... Auf Gesetze, Gebote und Rechtsvorschriften achten: Ist das der Sinn der Religion, ist das die Grundlage für eine wirkliche Beziehung, wie sie zwischen Gott und uns sein soll?

Immer wieder wird diese Beziehung Gottes zu seinem Volk in der Heiligen Schrift in das Bild eines gemeinsamen Weges gekleidet. Das ist ein verständliches Bild, das wir auch benutzen, wenn wir etwa am Ende eines Zeitabschnittes zu jemandem sagen, dass „wir ein Stück gemeinsamen Weges gegangen sind". Zugleich steckt dahinter die Urerfahrung des Volkes Israel, dass Gott tatsächlich mit ihm auf dem Weg war, es begleitet hat bei seinem gefahrvollen Auszug aus Ägypten, bei seinem Marsch durch die Wüste, bei seiner Ankunft im gelobten Land. Mit Gott gemeinsam auf dem Weg sein heißt nach dieser Erfahrung auch, dass man auf dem richtigen Weg ist, auch wenn er einem vielleicht nicht immer so erscheint. Hinter diesem Bild steckt vielleicht aber auch die Erfahrung, dass es einem schlecht ankommt, wenn auf die Führung nicht gehört und der gemeinsame Weg verlassen wird, wie es bei dem Marsch durch die Wüste ja auch geschehen ist (Num 14).

Die Gebote und Rechtsvorschriften, von denen in der Schriftlesung die Rede war, sind Ausdruck des Bundes Gottes mit seinem Volk, Bestandteile eines Vertrages. Sie können aber auch tatsächlich als eine Art von Beschilderung am Straßenrand betrachtet werden, die helfen soll, auf dem richtigen Weg zu bleiben. Es stellt sich trotzdem die Frage: Wer soll alle diese Rechtsvorschriften und Gebote im Kopf haben? Und: Kann daraus wirklich Beziehung werden?

Vielleicht hat Jesus sein Gebot, das er uns gegeben hat, aus dieser Erkenntnis heraus formuliert, dass zu viele Rechtsvorschriften und Gesetze eine Beziehung nur einschränken, ja absterben lassen können. Bei ihm besteht das Gesetz in der einfachen Zusammenfassung, Gott zu lieben und seinen Nächsten wie sich selbst. Und an anderer Stelle gibt er die goldene Regel: „Alles, was ihr von anderen erwartet, das tut auch ihnen. Darin besteht das Gesetz und die Propheten." Das klingt zwar einfach, dahinter steckt aber ein hoher Anspruch: Gehen wir – auch in diesem Sinn – auf dem Weg mit Gott?

**Meditation**  *Bild einblenden – leise Hintergrundmusik*
Ausgetretene Stufen führen bergan,
links ein Geländer,
das vor dem Absturz in die Schlucht
bewahren soll,
rechts ein Halteseil am Fels.
Ich sehe nicht weit voran,
denn der Weg biegt nach rechts ab.
Ich weiß nicht, was mich dort erwarten wird.

Das Bild erinnert mich an viele Situationen
in meinem Leben.
Wenn ich voran kommen will,
muss ich die Mühe auf mich nehmen,
bergauf zu steigen.
Abwärts geht's von selbst.
Da sind viele Erfahrungen
in der Schule, im Berufsleben,
die mich gelehrt haben,
„Schweiß" zu vergießen,
um voran zu kommen.
Ohne Mühe und Anstrengung
komme ich nicht weiter.
Da sind Erfahrungen
im Umgang mit mir selbst.
Ohne Mühe und Anstrengung
kann ich meine Fehler nicht ablegen,
meine Schwächen nicht in den Griff bekommen.
Ich weiß, dass so viele andere

ihren Weg vor mir ersteigen mussten.
Das macht mir Mut,
denn warum sollte ich nicht schaffen,
was ihnen möglich war?

Ich brauche ein Geländer,
das mich vor dem Absturz rettet,
wenn die Stufen glatt werden
und ich einen Fehltritt machen könnte.
So ein Geländer
können Werte und Grundsätze sein,
an denen ich mich orientieren
und an die ich mich halten will.
Wer keine Werte und Grundsätze hat,
kann schnell haltlos werden.
So ein Geländer
kann mir das Wort Jesu sein
und die Lehre der Kirche.

Auch tut mir ab und zu ein Seil gut,
an dem ich mich festhalten
und auch nach oben ziehen kann:
ein Mensch, den ich schätze,
von dem ich lernen,
an den ich mich halten kann,
wenn mein Schritt unsicher wird.

Es kann vorkommen,
dass ich einmal nicht sehe,
wie mein Weg weiter geht.
Ich kann nicht um die Wegbiegung sehen.
Aber ich kann darauf vertrauen,
dass es weitergehen wird,
dass ich meinen Weg schaffen werde.
Ich weiß ja,
ich bin nicht allein unterwegs.
Christus geht mit mir.
Ich kann ihm vertrauen.

**Lied**　　GL 168 (O Herr, nimm unsre Schuld)

**Gewissenserforschung**
„Wir kennen dein Gebot, dem Bruder beizustehen..." (GL 168,3). Wir wollen uns darauf besinnen, wo wir dieses Gebot nicht beachtet haben, wann es uns nicht gelungen ist, dem Wort Gottes zu trauen und zu glauben.

*Einige Impulsfragen aus GL 63,3 auswählen*

**Bekenntnis** Gott will mit uns gehen, er wendet sich uns zu, kommt uns sogar entgegen, wenn wir müde werden. Im Vertrauen auf seine Liebe wollen wir ihm und uns gegenseitig unsere Schuld bekennen: Ich bekenne ...

**Schriftwort** Joh 13,34–35
*(Das neue Gebot)*

**Vergebungszusage**
Der barmherzige und gute Gott hat sich unser erbarmt. Er schenkt uns Verzeihung unserer Schuld und Vergebung unserer Sünden durch seinen Sohn Jesus Christus, damit wir versöhnt mit ihm auf seinen Wegen gehen können, denn er selbst ist der Weg, die Wahrheit und das Leben. Ihm danken wir und singen wir.

**Lied** GL 268 (Singt dem Herrn ein neues Lied)

**Vaterunser** Gott kommt uns als guter Vater entgegen. Daher dürfen wir ihn auch so nennen und zu ihm sprechen: Vater unser ...

**Friedensgruß** Die Versöhnung unter den Menschen kann ein Zeichen sein für den Frieden, den Gott uns in seinem Sohn Jesus Christus schenkt. Geben wir uns ein Zeichen dieses Friedens und der Versöhnung Gottes.

**Gebet** Guter Vater im Himmel, dein Sohn hat uns gesagt: Ich bin der Weg, die Wahrheit und das Leben; wer mir folgt, bleibt nicht im Finstern. Lass uns zu dir hinkehren, dass wir auf dem Weg deines Sohnes bleiben und zu deinem Licht finden. Denn du bist der Gott, der uns liebt. Dafür danken wir dir heute und alle Tage unseres Lebens.

**Segen und Entlassung**

**Lied** GL 295,3 (Wer nur den lieben Gott lässt walten)

# Anhang

## Dein Wort ist wie ein Regen

T: Alois Albrecht   M: Ludger Edelkötter   © KiMu KinderMuikVerlag, Essen


## Haschivenu

T: Klagelieder 5,2   M: aus Israel

## Herr, unser Herrscher, wie herrlich bist du

2. Kinder und Säuglinge künden den Lob, / spotten der Übermacht all deiner Feinde. / Hoch wölbt dein Himmel sich auch über sie.

3. Hoch wölbt dein Himmel sich auch über sie. / Seh ich die Sonne, den Mond und die Sterne – was ist der Mensch, dass du seiner gedenkst?

4. Was ist der Mensch, dass du seiner gedenkst? / Des Menschen Kind, dass du seiner dich annimmst? / Du hast ihn herrlich erhoben zu dir.

5. Du hast ihn herrlich erhoben zu dir, / hast ihn erwählt dir zum Freund und Gehilfen. / Die ganze Welt hast du ihm anvertraut.

*T: Ps 8    M: Johannes Petzold 1975 © Strube-Verlag, München – Berlin*

## Feuer auf die Erde

*T: Lk 12,49  M: Winfried Pilz © Verlag Haus Altenberg*

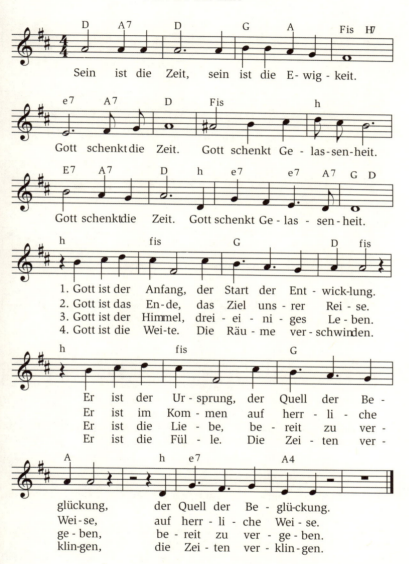

## MIT MEINEM GOTT KANN ICH WÄLLE ZERSCHLAGEN

Refr.: Mit meinem Gott kann ich Wälle zerschlagen, mit meinem Gott über Mauern springen! Gott über Mauern springen!

1. Du bist Gott, mein Fels, mein Hort, meine Burg, mein Schild und Schutz, meine Stärke, Gott der Festung und des Heils!

2. Wenn mich auch der Feind bedrängt, / schau' ich auf zu meinem Gott. / Er vernichtet ihn mit seiner Siegesmacht.

3. Wie ein Blitz voll Kraft und Macht / erhellt er meine Nacht, / zersprengt die Ängste, Zweifel und Gefahr.

4. Er ist Gott der Ewigkeit,/ des Äons, des ganzen Alls. / Gibt es Dinge, die für ihn unwandelbar?

5. Wer glaubt nicht meinem Gott, / seiner Herrschaft, seiner Macht, / seiner Tatkraft, seinem Rate, seinem Plan?

*T (nach Ps 18) und M: Kommunität Gnadenthal*
© *Präsenz-Verlag, 65597 Gnadenthal*

## NIMM DU MICH, HEILIGER ATEM

Nimm du mich, Hei-li-ger A-tem, zün-de dein Feu-er an, ——— zeig den Weg, gib Ant-wort, aus der ich le-ben kann. ——

2. Gottesgeist, komm und berühre / mein mir verborgenes Ich, / lehr es fest zu glauben: / Jesus erwartet mich.

3. Wecke mich, Heiliger Atem, / mach du mich neu bereit / in den Dienst zu treten / gegen die Traurigkeit.

4. Gottesgeist, komm und erleuchte / mich mit Entschluss und Rat. / Sag: Der Herr tut heute, / was er vor Zeiten tat.

5. Fass du mich, Heiliger Atem, / Gottesgeist, treib mich an. / Dank für Christi Auftrag, / Dank, dass ich dienen kann.

*T: Jürgen Henkys nach „Kosketa minua Henki!" von Pia Perkiö und „Grip du mig, helige Ande" von Ull-Britt Gustafsson-Pensar © beim Autor*
*M: Ilkka Kuusisto ©Verlag Tacten Oy*

## Eingerollt und ausgedörrt – Lied der Wüstenrose

2. Regen fällt und Wasser quillt,
und die Rose saugt und zieht.
Glaube fällt und Liebe schwillt,
und die Seele trinkt und blüht.
Trinke, Rose, an der Stelle,
wo sich deine Pracht entfaltet!
Trinke, Seele, aus der Quelle,
die dich weckt und neu gestaltet!

3. Rose sucht und Seele hofft.
Doch das Wasser wird geschenkt,
lang ersehnt, vergeblich oft,
bis es fällt und quillt und tränkt.
Zeig uns, Himmel, jene Stelle,
wo du unsre Pracht entfaltest!
Sprudle, Mensch gewordne Quelle,
der du weckst und neu gestaltest!

*T: Peter Gerloff ©beim Autor*
*M: Jo Werner ©beim Autor*

## HERR, WIE EIN BAUM

Refr.: Herr, wie ein Baum, so sei vor dir mein Leben.
Herr, wie ein Baum sei vor dir mein Gebet.

1. Gib Wurzeln mir, die in die Erde reichen, dass tief ich gründe in den alten Zeiten, verwurzelt, verwurzelt in dem Glauben meiner Väter.

2. Gib mir die Kraft, zum festen Stamm zu wachsen,
dass aufrecht ich an meinem Platze stehe
und wanke, und wanke nicht, auch wenn die Stürme toben.

3. Gib, dass aus mir sich Äste frei erheben,
oh meine Kinder, Herr, lass sie erstarken
und ihre und ihre Zweige recken in den Himmel.

4. Gib Zukunft mir und lass die Blätter grünen
und nah den Wintern Hoffnung neu erblühen,
und wenn es und wenn es Zeit ist, lass mich Früchte tragen.

*T: Lothar Zenetti © Strube-Verlag, München – Berlin*
*M: Susanna Fey © bei der Komponistin*

## SINGE VOR FREUDE

Sin-ge, sin-ge vor Freude; wir ge-hö-ren zu-sammen!
Sin-ge, sin-ge vor Freude, denn auch du wirst ge-liebt,
ge-nau so wie du bist, ge-nau so wie du bist.

1. Und wenn der Schmerz dich ge-fang-en hält und wenn dein Le-ben oh-ne Sinn scheint: Sin-ge, sin-ge von Neu-em, le-be nur für die Andern. Sin-ge, sin-ge vor Freu-de und ver-trau-e auf ihn. Er macht dein Le-ben neu; er macht dein Le-ben neu.
2. Und wenn du ganz ver-las-sen bist und kei-ner will dich ver-ste-hen: Sin-ge, sin-ge von Neu-em, le-be nur für die Andern. Sin-ge, sin-ge vor Freu-de und ver-trau-e auf ihn. Er macht dein Le-ben neu; er macht dein Le-ben neu.

*T: Mancuso M: Zappala ©Verlag Neue Stadt, München*

## Bild- und Textnachweis

S. 19: Monika Fuchs; S. 26: Werner Eizinger; S. 39: Ivo Krizan, aus: Sich öffnen, impuls studio, Filmproduktion und MedienforschungsG.m.b.H.; S. 46: Monika Fuchs; S. 52: Guido Fuchs; S. 65: Peter Klever, aus: Wo der Himmel die Erde berührt. Hinter alltägliche Dinge sehen, Steyl – medien 1982; S. 71: Fritz Aperdannier; S. 78: Werner Eizinger (2); S. 84: Monika Fuchs; S. 98: Johannes Putzinger; S. 105: Monika Fuchs; S. 111: Johannes Putzinger; S. 118: Johannes Putzinger (oben); Linetta Schneller (unten), aus: Wüste Sinai. Lebensraum der Beduinen, TAU – AV Produktion 2004.

Die ständige Kommission für die Herausgabe der gemeinsamen liturgischen Bücher im deutschen Sprachgebiet erteilte für die aus diesen Büchern entnommenen Texte die Abdruckerlaubnis.

Der Verlag Friedrich Pustet hat sich bemüht, alle Copyright-Ansprüche zu berücksichtigen. Sollte uns dennoch ein Fehler unterlaufen sein, bitten wir um Kontaktaufnahme mit dem Verlag.

## Autorennachweis

Gottesdienste „Flasche" und „Weg": Guido Fuchs; bereits in Liturgie konkret digital erschienen.

Alle weiteren: Monika Maßmann

Meditationen: Werner Eizinger